**Gerd Schwank**

# UND MEIN ENGEL SPRACH

ekonja[v]

**Gerd Schwank**

# UND MEIN ENGEL SPRACH

Erfahrungen und Erlebnisse eines spirituellen Zweiflers

**1. Auflage 2009**

*ISBN 978-3-902636-13-3*

Wiener Straße 49, A-3300 Amstetten
Ekonja-Verlag im Internet: WWW.EKONJA-VERLAG.COM



Umschlaggestaltung, Buchdesign und Satz: CLEMENSAUER.AT
Druck und Bindung: Berger, Horn

# Ein Wort zuvor

Nichts ist mehr, wie es war. Seit dem Tod meiner Frau am frühen Morgen des zweiten Weihnachtsfeiertages des Jahres 2005 hat sich mein Leben nahezu schlagartig und vollständig verändert. Die glücklichen Jahre unseres Zusammenseins, das fröhliche Heranwachsen unserer Töchter lagen zwar schon eine Weile zurück und ließen unseren Gedanken an einen gemeinsamen Lebensabschnitt im heraufziehenden Alter mehr und mehr Raum, doch zog nun eine lebensbedrohliche Erkrankung einen scharfen Schnitt durch alle unsere Pläne.

Es entsprach nicht dem Wesen meiner Frau, sich dem Schicksal einfach zu ergeben und ins Unvermeidliche zu fügen. Sie nahm den Kampf auf ihre Art mutig auf, unternahm alle erdenklichen Anstrengungen und ließ sich auf alle Angebote, die die moderne Medizin unterbreiten konnte, bedingungslos ein. Ich begleitete sie durch alle Höhen und noch mehr Tiefen, selbst voller Bangen und Ängste, Hoffnungen und Zweifel, bis zum bitteren Ende.

An diesem Tag der Trauer, der Mutlosigkeit und eines Schocks, der den Verlustschmerz in meinem Zustand nicht zuließ, sodass ich noch einige Zeit wie in Trance funktionierte, erlebte ich etwas, das mein Leben in eine völlig neue Richtung lenken sollte. Dass dieses Erlebnis nicht auf Zufall beruhen kann und welche Bewandtnis es damit auf sich hat, werde ich im Folgenden beschreiben.

Mittlerweile weiß ich, dass dieses Ereignis mir den Schlüssel zu einem Weg über unser Diesseits, unsere Erfahrungen und unser Wissen hinaus in die Hand gab. Ich durfte ab diesem Moment Dinge erleben, die über meine Vorstellungskraft weit hinausgingen und meine Gefühlswelt über allen Verstand hinaus erweiterten.

Über Unglaubliches und Unglaubwürdiges zu berichten musste ich mich erst selbst überwinden. Es bedurfte zahlreicher Zureden und Ermutigungen meiner

Freunde, die ich anfangs nur zögernd ins Vertrauen gezogen hatte, bis ich mich entschließen konnte, meine Erfahrungen einem größeren Leserkreis zu eröffnen.

In diesem Buch beschreibe ich einzelne, zum Teil nicht einmal zusammenhängende Erlebnisse mit Seelen und Engeln, denen ich in den unterschiedlichsten Situationen begegnen durfte. Gewiss ist es nur mein ganz persönlicher, bescheidener Zugang, vielleicht ohne Belang für andere, die individuell ihre eigenen Wege finden können.

Vielleicht aber ist das Buch für manche auch Anlass und Anstoß, sich mit Dingen zu beschäftigen, mit denen wir am Ende unseres irdischen Weges konfrontiert werden könnten. Vielleicht sind meine Zeilen sogar Ermutigung für jene, die bereits Verbindungen erahnen, erfühlen oder gar erlebt haben, es aber mit Rücksicht auf ihre unmittelbare Umgebung nicht wagen, sich zu äußern. All denen rate ich, sich zu öffnen und sich auf das Unbekannte einzulassen. Wer selbst von seinen medialen Fähigkeiten bereits überzeugt ist, sollte sich in Geduld üben und nichts mit Gewalt erzwingen wollen. Da in der Ewigkeit die Zeit nur ein allzu menschlich erfassbares Kriterium zu sein scheint, sollte es uns genügen, in offener Haltung bereit zu sein und auf die Zeichen mit Demut zu warten. Ich bin überzeugt, dass trotz sehr ähnlicher Erfahrungen, die manche Menschen bisher erleben durften, eine unendliche Vielfalt an Möglichkeiten für eine Verbindung nach Drüben angeboten wird.

Nehmen Sie meine Erzählungen unvoreingenommen an. Ich habe den erlebten Geschehnissen nichts hinzugefügt und nichts weggelassen. Als größter Skeptiker und Kritiker meiner selbst konnte ich fast nicht glauben, was ich zu spüren bekam und erwarte daher auch von meinen Leserinnen und Lesern staunenden Zweifel und Ungläubigkeit. Ich bitte Sie nur, sich nicht an der Verstandesebene festzuklammern, sondern den eigenen Gefühlen die Tür des Vertrauens zumindest einen Spalt breit zu öffnen.

*Gerd Schwank*

# Inhalt

# Ihr letztes Geschenk

Ein Vorzug unter den vielen guten Eigenschaften, die meine Frau auszeichneten, sei an dieser Stelle ganz bewusst herausgehoben: Soweit ich mich zurückerinnern kann, hatte sie mich und andere immer mit großer Lust und Freude beschenkt. Am liebsten spontan und scheinbar ohne besonderen Anlass. Dabei verblüfften mich immer wieder ihre Einfallskraft und ihre Großzügigkeit.

Ich erinnere mich, dass mich diese Geschenke häufig unvorbereitet trafen und nicht selten sogar Verlegenheit auslösten, da ich selbst meist nur die regelmäßigen Fest- und Gedenktage im Auge hatte. Sie aber fand immer wieder Gelegenheiten, mit Geschenken anderen und sich selbst Freude zu bereiten. Diesem Weg blieb meine Frau ganz offenbar bis zuletzt treu und unmittelbar nach ihrem Tod empfing ich das für mich wohl größte und wertvollste Geschenk.

Vor vielen Jahren, noch ahnungslos und unbeschwert von drohenden Gefahren, unterhielten wir uns aus damals völlig unkonkreten Anlässen über die nicht unwahrscheinliche Möglichkeit zu verschiedenen Zeitpunkten unser irdisches Dasein beenden zu müssen. Dabei ergab sich stets eine nicht ganz ernst geführte Diskussion, wer von uns beiden früher gehen würde. Dieses Recht beanspruchte ich als der Ältere und untermauerte meinen Standpunkt mit der geringeren statistischen Lebenserwartung für Männer. Sie aber hielt nur dagegen, dass sie fühle, die erste zu sein. Dieser Disput endete immer mit dem vielleicht auch nicht ganz ernst gemeinten Versprechen, der erste von uns beiden würde alles in seiner Macht stehende tun, um mit dem Zurückgebliebenen irgendwie in Verbindung zu treten. Denn für meine Frau war es absolut sicher, für mich Zweifler eher fraglich, ob und wie ein Leben nach dem Tode folgen könnte.

Es geschah am Abend des traurigsten und entsetzlichsten Tages meines Lebens, an dem sie in meinen vor Furcht zitternden Armen buchstäblich den letzten Atemzug getan hatte. Dieser lange Tag, an dem ich kraftlos, erschöpft und niedergeschlagen noch versucht hatte, meinen Angehörigen Trost zuzusprechen, an den ich selbst nicht mehr glauben konnte, fand ich mich zu Hause erstmals in einer unbeschreiblichen Stille und Einsamkeit. Während der letzten Jahre, die durch Behandlungen und Krankenhausaufenthalte geprägt waren, hatte ich die Abwesenheiten meiner Frau immer als notwendiges, aber doch vorübergehendes Übel empfunden, doch diesmal beschlich mich das unbekannte Gefühl einer grausamen Endgültigkeit. Völlig übermüdet, ratlos und planlos ging ich zu Bett, wo mich ein heftiger Kälteschauer umfing, wie ich es nur als Vorbote einer Verkühlung oder Grippeerkrankung kannte. Gleichzeitig fühlte ich einen kühlen, äußerst zarten Lufthauch über mein Gesicht streichen, obwohl das Fenster und die Tür fest verschlossen waren. Dem schenkte ich erst Beachtung, als sich der scheinbare Luftzug wiederholte und sich auch ein Schüttelfrost wellenartig einstellte. In diesem Zustand, in dem mein Bewusstsein allmählich zu verblassen begann, um dem beginnenden Schlaf Platz zu machen, fuhr mir ein Gedanke unwillkürlich durch den Kopf und riss mich in hellwache Aufmerksamkeit: Konnte das ein Zeichen von Drüben sein, ein Zeichen das mir meine Frau zukommen ließ? Im selben Moment jagte ein Kälteschauer durch meinen Körper, als wollte er meine Vermutung nur bestätigen. „Mein Gott", rief ich halblaut in die Dunkelheit des Zimmers hinein, „bist du das?". Und wieder verspürte ich die schaurige Kühle vom Kopf bis in die Füße ziehen.

In größter Erregung und Unsicherheit brach ich in ungehemmte Tränen aus und weinte wie ein kleines Kind. „Wenn du das bist, so fahre nur immer wieder durch und durch, ich will das gerne aushalten, mit großer Freude als Zeichen deiner Liebe", rief ich und setzte mich auf. So wunderbar das Gefühl auch war, im Augenblick überfiel mich schon wieder Skepsis und ich meinte, an meinem Verstand zweifeln zu müssen. Was war Realität, was war Phantasie, Wunschdenken, Hoffnung oder schon Selbstaufgabe? Ich wollte die Situation fortgesetzt weiter erleben, doch nun übermannte mich die Erschöpfung und ich fiel gegen meinen Willen in tiefen Schlaf.

Diese Art der Begegnung und der Kommunikation werde ich im Folgenden noch genauer beschreiben. Nach meiner festen Überzeugung ist es das großartigste und wunderbarste Geschenk, das ein Mensch zu Lebzeiten empfangen kann. Es bedeutet für mich die bis dahin unvorstellbare Verbindung über den Tod hinaus. Es bedeutet aber darüber hinaus auch eine Verbindung zu anderen Seelen und sogar zur Engelwelt. Und vor allem bedeutet dieses Geschehen für mich die Gewissheit eines Lebens nach dem Tode, die Gewissheit eines Jenseits und die Gewissheit der Existenz Gottes. Seit diesem Tag hat sich mein Glaube in Zuversicht verwandelt.

# Der Tag danach

Als ich erwachte, waren erst wenige Stunden vergangen und die noch tiefe Finsternis ließ den heraufdämmernden Morgen kaum ahnen. Trotzdem fühlte ich mich sofort hellwach und die unglaublichen Eindrücke des letzten Abends drängten sich mit unwiderstehlicher Kraft in mein Gedächtnis. Mit der Hand strich ich verzagt über das unberührte Kopfkissen neben mir und begann die weite Leere zu begreifen, während ich meiner unwiderruflichen Einsamkeit bewusst wurde und mir eine bisher nie gekannte Trauer fast den Hals zudrückte. Aus meinen geschlossenen Augen liefen unaufhaltsam Tränen. Ich lag ausgestreckt auf dem Rücken und erinnerte mich an das unheimliche Frösteln, das mich am letzten Abend überkommen hatte. Und während ich mir selbst noch nicht klar war, ob ich mir dieses Gefühl nochmals wünschen sollte oder gar dürfte, umfing mich wieder ein hauchzarter Luftzug. Ich machte mir bewusst, dass Fenster und Tür geschlossen waren und die Heizung eingeschaltet war - Zugluft war also auszuschließen - und dennoch empfand ich den Hauch unverkennbar, zart wie Atem. Gleichzeitig setzte ein leichtes Frösteln ein, das ich zuerst am Kopf verspürte und das sich bis zu den Zehenspitzen ausbreitete. Dieses Gefühl machte mir Angst und ließ mich unter der warmen Bettdecke fast erstarren. Dann spürte ich, dass meine Gesichtsmuskeln unbeweglich wurden und im Zustand dieser scheinbaren Erstarrtheit fühlte ich kühle Schauer im Körper immer wieder an- und abschwellen.

„Bist du es?". Ich glaube, dass ich diese Frage an meine Frau mehr dachte, als aussprach, doch wie zur Bestätigung durchfuhr mich wieder das Frösteln mit deutlicher Macht. In diesem Moment konnte ich meine Trauer nicht mehr beherrschen und musste wie ein kleines Kind in mein Kopfkissen schluchzen, bis ich spürte, dass der nasse Stoff auf meiner Wange klebte. Als ich mich wieder einigermaßen beherrscht und in meiner Gewalt glaubte, stand ich rasch auf, nicht ohne Furcht, vielleicht nur meiner Einbildung zum Opfer gefallen zu sein.

Obwohl draußen noch tiefe Dunkelheit herrschte, begab ich mich in die Küche, um, der alltäglichen Gewohnheit folgend, zwar umständlich und verweint, ein einfaches Frühstück zuzubereiten. Ich hoffte, damit aus meiner scheinbaren Überreizung der Gefühle und der Sinne wieder in der Normalität des Alltags Sicherheit und Tritt fassen zu können.

# Die Stimme

Obwohl der ganze Tag mit sehr realistischen und konzentrationsfordernden Tätigkeiten zur Vorbereitung des Begräbnisses bis an den Rand ausgefüllt war und kaum Zeit zur Besinnung blieb, ließen mich die nächtlichen Eindrücke nicht mehr los. Auch ertrug ich den Gedanken kaum, nicht wenigstens mit meinen Angehörigen darüber zu sprechen. Könnten sie glauben, was ich berichten wollte, ohne an meinem Verstand zu zweifeln? Hätte ich andererseits das Recht, ihnen die Vorgänge zu verschweigen, hätte ich nicht vielmehr sogar die Verpflichtung, ihnen von der übernatürlichen Verbindung zu berichten?

Das Hereinbrechen des Abends konnte ich kaum mehr erwarten und da auch meine Kinder in trauriger Stille und Verzagtheit über den Verlust ihrer Mutter zu versinken schienen, gingen wir alle ungewöhnlich bald zu Bett. Ich lag in gespannter Erwartung, unruhig und aufgeregt, voll Sehnsucht und gleichzeitiger Unsicherheit, ob ich eine Wiederholung der gestrigen Begebenheiten wünschen durfte, oder ob es gar als anmaßend missverstanden werden könnte, wiederum Kontakt aufnehmen zu wollen. Lange wartete ich vergebens und fiel endlich mit einem Gefühl leichter Enttäuschung in einen tiefen Schlaf. Plötzlich, wie ich später feststellte war es wohl erst zwei Uhr morgens, vernahm ich eine Stimme: Ihre Stimme, eindeutig und unverkennbar. Es war nicht viel, eigentlich wenig, genau gesagt sehr kurz und prägnant, aber doch für mich im Augenblick unendlich viel, alles: „Gerd". Laut und deutlich, klar und unzweifelhaft. Ich schreckte auf, hell wach, überrascht. Vielleicht war ich einer Sinnestäuschung erlegen? Hatte mich ein Geräusch im Haus oder auf der Straße irritiert? Rundum blieb alles still. Nichts, kein Laut, womit ich den Ausruf meines Namens hätte verwechseln können. Mich überfiel große Nervosität. Es gab nichts, was ich mit dem Klang der Stimme, die meinen Namen rief, vergleichen konnte. Andererseits hatte ich nicht den Eindruck, den Ausruf wirklich mit den Ohren gehört zu haben. Es war mir, als wäre die Stimme im Inneren meines Kopfes ertönt. Vielleicht in jenem Teil des Gehirns, der den Hörsinn steuert? Bis heute habe ich keine Erklärung für dieses Phänomen gefunden. Auch Mediziner, die ich dazu befragte, konnten mir nicht weiterhelfen. Eine medial veranlagte Bekannte meinte, dass das Empfangen von Lauten, Geräuschen und Stimmen nicht ganz ungewöhnlich sei. Sie deutete das als Anzeichen dafür, dass ich mich in einer besonderen Weise zu öffnen begann.

Dieser Aspekt erfüllte mich mit unbestimmter Besorgnis und Unbehagen, aber auch mit Neugier. Der Vorfall bestärkte mich in der Absicht, meine bisherigen „übersinnlichen" Erfahrungen bei passender Gelegenheit zumindest meinen Kindern mitzuteilen. Einen größeren Personenkreis damit zu betrauen, erschien mir noch zu gewagt. Ich wollte nicht riskieren, mit Befremden bestaunt oder mitleidig belächelt zu werden. Niemand in meiner Umgebung sollte argwöhnen müssen, der Verlust meiner Frau hätte mir etwa den Verstand geraubt.

Die Stimme meiner Frau habe ich zu meinem großen Bedauern nie wieder hören dürfen und vermisse das sehr. Über mein zweites übersinnliches Erlebnis werde ich später noch ausführlich berichten.

# Unser Sprachcode

In den folgenden Tagen versuchte ich, alle Erfordernisse, Abläufe und unvermeidlichen bürokratischen Wege, die ein Begräbnis mit sich bringt, so gut und konzentriert wie nur möglich zu erledigen. Vor allem legte ich großen Wert und meine ganze Aufmerksamkeit darauf, die Wünsche, die meine Frau im Laufe ihrer letzten Lebensmonate mit großer Sorgfalt zu Papier gebracht hatte, ganz in ihrem Sinn zu erfüllen. Ich hatte den Eindruck, diese Aufgaben fast wie in Trance, jedenfalls mechanisch agierend zu erledigen. Ich fand kaum Zeit, ruhig nachzudenken und mich in die Situation hinein zu fühlen. Es war, als hätte eine ferngesteuerte Automatik mein Tun geführt. Gelegentlich beobachtete ich mich selbst wie von außen und unter Aufbietung aller mir noch zur Verfügung stehenden Kräfte gelang es mir, eine leidlich gut verfasste Abschiedsrede vor der unerwartet großen Trauergemeinde in der überfüllten Kirche zu halten. So schwer es mir fiel, mich dabei emotional zu beherrschen, wollte ich in der Ansprache meiner Frau zuliebe unbedingt die ihr bis zuletzt wichtigen Anliegen und Gedanken an alle Anwesenden weitergeben.

All die aufwühlenden Erlebnisse und Eindrücke, die sich lange vor dem nahenden Tod meiner Frau und später bis lange noch nach dem Begräbnis ereigneten, schüttelten meinen bisher geordneten Lebensrhythmus gehörig durcheinander. Obwohl ich mich zwang, trotz meiner Unruhe, Anspannung, Trauer und Zerrissenheit, so spät wie möglich und nur aus Erschöpfung zu Bett zu gehen, wachte ich regelmäßig zwischen ein und zwei Uhr nachts auf, da meine Gedanken unwillkürlich um die schmerzhaften Geschehnisse der letzten Zeit kreisten.

Gerade in der kurzen Spanne des nächtlichen Wachseins empfing ich mehrmals, zwar nicht ganz regelmäßig, jedenfalls spontan und willentlich nicht beeinflussbar, seltsame, energetisch anmutende Strömungen, die durch meinen Körper zu fließen schienen. In meiner Not, sie verstehen und interpretieren zu wollen, überlegte ich hastig eine möglichst einfache Form, um den Inhalt zu erfassen, sofern diese Strömungen Botschaften für mich enthalten könnten. Denn mich erfasste eine unbestimmte Angst, die Verbindung könnte verloren gehen, bevor ich sie entschlüsseln würde.

Da ich erkannt hatte, dass ich keine verbalen Wahrnehmungen oder sinnlich erfassbare Botschaften erhalten konnte, wie sie manchen medial begabten Menschen durchaus geläufig sind, verfiel ich auf einen einfachen und sehr primitiv anmutenden Ausweg, der immerhin zum Erfolg führte, wie sich in der Folge zeigen sollte.

Es gelang mir, als ich das nächste Mal die Energie meiner Frau spüren durfte, mit ihr folgende grundsätzliche Regelung zu treffen: Ich wollte ihr Fragen stellen, einfach formulierte Fragen, die mit JA oder NEIN zu beantworten wären. Ihre Antworten könnten bei der Bejahung mit einem zweimaligen Energiestrom, bei Verneinung mit einem einmaligen Energiestrom erfolgen. Falls sie mir keine Antworten geben könnte oder wollte, sollte der Energiestrom kurz aussetzen.

Mit großer Anspannung und voll innerer Erregung wartete ich auf die Reaktion. Das schier Unglaubliche trat tatsächlich und sofort ein. Meine erste Frage, ob sie mit meinem Vorschlag einverstanden sei und diese Regelung akzeptieren könne, beantwortete sie unverzüglich und unmissverständlich mit JA: Zweimal, unverkennbar stark und mit einer kurzen Unterbrechung, fuhren die Strömungen durch meinen Kopf bis in die Zehenspitzen. Eine Mischung aus Glücksgefühl und Zweifel erfasste mich. War das, was ich erlebte, der Beginn eines Dialogs über den Tod hinaus? So sehr dieser Wunsch mein Herz erfüllt, nagte doch gleich wieder die Unsicherheit, mir alles vielleicht doch nur einzubilden, in mir. Doch wiederum durchströmte mich dieselbe Energie zweimal, stark und deutlich. In dieser Situation überwältigten mich meine Gefühle, meine Sehnsucht, mein Trennungsschmerz, meine Hilflosigkeit, mit diesen Eindrücken umzugehen. Erst allmählich konnte ich realisieren, dass sich für mich tatsächlich ein Weg geöffnet hatte, mit meiner Frau eine Verbindung aufzunehmen. Hatte ich diesen Kontakt nicht meiner Frau zu verdanken, ihrer Liebe, die über den Tod hinausreicht? Während mir alle Fragen gleichzeitig durch den Kopf schossen, fiel mir vor Aufregung im Moment nicht mehr ein, was ich doch alles wissen wollte, wie ich es so formulieren konnte, dass der Sprachcode „JA – NEIN" funktionieren konnte. In diesem Zustand der Verwirrung konnte ich keine klaren Gedanken fassen, auch nicht die Tragweite der Vorgänge nur im Entferntesten abschätzen, sondern ich musste mich, vor Erregung innerlich zitternd, auf rückblickend banal scheinende Fragen reduzieren:

„ Kann das wahr sein, bist du das wirklich?" Zweimal fuhr mir die Energiewelle durch den Körper. Eine eindeutige Bestätigung.

„Geht es dir gut?" Mit Verunsicherung und Bestürzung musste ich jetzt erfahren, dass keine Antwort kam. Anscheinend gibt es für Seelen kein „Gut" oder „Schlecht" mehr. Vielleicht sind diese Begriffe nur im irdischen Leben von Belang.

„Bist Du unglücklich?" Die einmalige Energiewelle, die darauf folgte, entsprach einem „NEIN".

„Bist du glücklich?" Sofort empfing ich die bejahende Antwort als zweifachen Energiestrom.

„Warum?" fragte ich spontan, erhielt keine Antwort und musste mir klar werden, dass Fragen nach dem Grunde nicht in unserer Sprachregelung zu beantworten waren. Ich suchte nach einem Ausweg.

„Bist du glücklich, weil du in Gottes Nähe bist?"

Die Antwort kam prompt „JA".

„Bist du in der Nähe von Christus?"

Wieder war die Antwort „JA".

Mitten in dieser Zwiesprache hinein stieg in mir die plötzliche Angst hoch, dass diese unglaubliche und mir so kostbare Verbindung so abrupt enden könnte, wie sie begonnen hatte.

„Sicher weißt du, dass ich dich immer lieben werde und dich schrecklich vermisse. Liebst du mich auch noch?"

Die Antwort hieß „JA".

„Wirst du in meiner Nähe bleiben und mit mir die Verbindung halten?" Als auf diese Frage keine Antwort kam, formulierte ich angstvoll neu:

„Wirst du bei mir bleiben, wenn ich es will und dich darum bitte?" Die erlösende Antwort kam wieder als zweifacher Energiestrom, das hieß „JA" und mir stiegen die Tränen hoch.

So begann mein Dialog mit dem Jenseits. Hektisch, überhastet, aus vollem Herzen, aufgeregt, vielleicht zu naiv, wenig überlegt, spontan, aufwühlend, aber letztlich unendlich beglückend.

In den folgenden Tagen, Wochen und Monaten ergaben sich immer wieder Gelegenheiten für diese Gespräche in Form von Fragen und Antworten. Sehr persönlich und vertraulich, wichtig und tröstlich.

Heute, nach einigen Jahren, bin ich überzeugt, dass diese Verbindung auf Dauer bestehen kann. Sie ereignet sich manchmal zu Nachtzeiten, wie oben beschrieben, manchmal aber auch völlig unvorhersehbar tagsüber, zu Anlässen, die mich überraschen und zu nachträglichem Überdenken zwingen. Manchmal spüre ich die energetische Anwesenheit meiner Frau während eines Gespräches mit Freunden, so, als wollte sie daran teilnehmen oder nur meine Gedanken verstärken. Manchmal verspüre ich ihr Dabeisein, wenn ich gerade schriftliche Aufzeichnungen über besondere Ereignisse mache, wie zur Bestätigung und Bekräftigung meiner Erinnerung an diese Erlebnisse. Mit der Unterstützung und Hilfe meiner Frau konnte ich sogar zu mir völlig unbekannten Menschen und nicht zuletzt zur Engelwelt Verbindungen aufnehmen, worüber ich später noch berichten werde.

Mit anderen über meine ungewöhnlichen Erfahrungen zu sprechen erscheint mir nach wie vor manchmal problematisch, und doch meinte ich, sie nicht einfach für mich allein behalten zu dürfen. Immer wieder stellte ich mir die Frage, ob mein außerordentlicher Zugang über die Grenze des Diesseits nur als ein ganz persönliches Geschenk meiner Frau gedacht sei, oder ob ich daraus nicht viel eher die „moralische Verpflichtung" ableiten müsste, mein neues Wissen möglichst auch anderen Menschen zugänglich zu machen. Nach einigem Zögern beschloss ich, meinen engsten Familienkreis ins Vertrauen zu ziehen. Zunächst nahmen meine Kinder mit großem, aber für mich ermutigend gläubigem Staunen meine Eröffnungen an. Sie freuten sich sogar darüber, wenn sie auch gleichzeitig bedauerten, dass ihnen – zumindest vorläufig – diese direkte Verbindung zu ihrer geliebten Mutter verschlossen blieb. Auch die Mutter meiner Frau, eine tiefgläubige Katholikin, konnte nach einer längeren Phase verständnislosen Zweifelns die Nachricht zumindest annehmen.

Ganz ungewöhnlich reagierte ein mit unserer Familie sehr eng befreundeter Geistlicher. Während ich nach meinem Bericht auf eine heftige, energisch ablehnende Reaktion seinerseits gefasst war, meinte er zu meiner nicht geringen Überraschung, dass so etwas gelegentlich vorkomme und für ihn nichts Ungewöhnliches sei. Eigenartigerweise empfand ich seine Antwort auf die mir so sensationell erscheinenden Vorkommnisse, die er offenbar herunterspielen wollte, als ein wenig kränkend. Als ich ihm die Art und Weise meiner Dialogführung beschrieb, verglich er das lächelnd schlichtweg mit der Leistung eines dressierten Zirkuspferdes, das die Fragen seines Dompteurs in der Arena mit der richtigen Zahl von Hufschlägen zu beantworten gelernt hatte. Etwas beleidigt entschied ich mich, ihn zukünftig nicht mehr in mein Vertrauen zu ziehen, doch wollte er bloß darauf hinweisen, dass mir vielleicht noch viel intensivere Möglichkeiten bevorstünden. Ich beschloss, diese Aspekte im Auge zu behalten, wenngleich mir derartige Erweiterungen bisher verschlossen blieben.

# Alltag in einer neuen Dimension

So unwahrscheinlich ich es auch empfand, stellte ich mich rascher als erwartet auf meine vom Schicksal aufgezwungene neue Lebenssituation ein. Am Tage suchten mich häufig lebhafte Bilder von sehr konkreten Situationen aus den verflossenen Jahren geradezu überfallsartig heim. Mir kamen Aussprüche meiner Frau lebhaft und ungekürzt, so eindringlich, als wären sie eben erst gefallen, in den Sinn und machten sich in mir fest, als wollten sie mir erst jetzt ihren vollen Inhalt ins Bewusstsein rufen. Wenn der Abend hereinbrach, sehnte ich mich nach meinem Bett und allein der Gedanke an eine neuerliche seelische Begegnung mit ihr beflügelte mich zur Eile. Alle anderen abendlichen Beschäftigungen kamen mir als unsinnige Verschwendung der bemessenen Zeit vor. Nichts schien mir zur Vorbereitung besser geeignet als Dunkelheit, Stille und eine unbeschreibliche Konzentration meiner Gedanken auf ihre Person, ihre Seele.

Manchmal geschah es, dass ich in diesem Zustand unwillentlich vom Schlaf überrascht wurde und folglich am Morgen mit einem leicht enttäuschten, traurigen Gefühl erwachte. Ich fühlte mich überrumpelt, geradezu im Stich gelassen. Unverzüglich musste ich mir erst wieder klar machen, dass ich doch kein Recht, keinen Anspruch auf ein besonderes Erleben dieser Art erheben konnte.

Wiederholt jedoch empfing ich, auf dem Rücken liegend, regungslos und erfüllt von dem innigen Wunsch, zu meiner Frau Kontakt zu finden, sie möge sich mir liebevoll zuwenden, am Anfang regelmäßig das Gefühl eines sehr sanften, kühlenden Lufthauches. Da ich, entgegen meiner früheren Gewohnheit bei geöffnetem Fenster zu schlafen, ganz bewusst die Flügel sorgfältig verschlossen hatte, um ja keiner Sinnestäuschung zu unterliegen, erkannte ich nach und nach diesen gerade noch oder fast schon nicht mehr wahrnehmbaren Hauch als Vorboten und sicheres Zeichen für das, was auf meinen sehnlichsten Wunsch hin folgen sollte: Denn nur wenige Augenblicke, nachdem der Hauch vorübergezogen war, begann mich ein zarter Schauer, einem sanften Reizstrom nicht unähnlich, von oben nach unten zu durchfließen. Nicht gleichmäßig, sondern allmählich anschwellend, wieder abschwellend, manchmal am Scheitel, manchmal bei den Schultern und Oberarmen, manchmal im Brustbereich, seltener von den Fußspitzen, die Beine aufwärts, schließlich den ganzen Körper erfassend. Der Vorgang des Auf- und Abschwellens wiederholte sich manchmal mehrmals, manchmal nur einmal, manchmal sehr stark, manchmal kaum wahrnehmbar.

Einem Schüttelfrost, einer „Gänsehaut" vergleichbar, veranlassten mich diese Vorgänge, nicht nur regungslos in diesem gespannten und gleichzeitig äußerst angenehmen Zustand zu verharren und abzuwarten, was auf mich zukommen würde, sondern unverzüglich zu hinterfragen, ob ich die Energie meiner Frau oder gar eines Engels, allenfalls welchen Engels, konkret zu verdanken hätte. Ich stellte Fragen nicht nur aus purer Neugier, nur um mehr über das Drüben oder Jenseits, wie wir die unerklärlichen Sphären manchmal zu umschreiben versuchen, zu erfahren, sondern auch, um den wunderbaren Zustand der Verbindung aufrecht zu erhalten und auszudehnen.

Manchmal war ich auch im Wohlgefühl der Empfindungen so befangen, dass ich auf das Fragenstellen vergaß und nur den Zustand genoss, solange er anhielt. Obwohl mich diese Begegnungen außerordentlich beunruhigten und bewegten, folgte dennoch regelmäßig ein besonders tiefer und traumloser Schlaf.

# Engel und Seelen

Die unterschiedliche Art und Weise, wie sich die energetischen Wellen aufbauten, ließen die Vermutung aufkeimen, ich könnte davon lernen, mit wem ich in Verbindung treten würde. Nach Jahren stehe ich noch immer am Anfang dieses Lernprozesses. In einigen Fällen ist es mir bereits gelungen, meinen seelischen Dialogpartner an der Intensität und am Verlauf, mit dem sich die Energie aufbaut, zu identifizieren. Noch bin ich aber darauf angewiesen, sicherheitshalber jedes Mal nachzufragen und jedes Mal erhalte ich zuverlässig eine Bestätigung, wenn ich den Betreffenden anspreche, der sich mit mir verbunden hat.

Anfangs konzentrierte ich mich natürlich auf meine Frau. Sie hatte mir den Weg gewiesen und sie war das Ziel meiner Dialogwünsche. Von ihr wollte ich über sie und ihr „Umfeld" mehr erfahren. Sie bestätigte mir eindrucksvoll, über den Tod hinaus mit mir, unseren Kindern und ihrer Mutter in Verbindung bleiben zu wollen.

Darüber hinaus versprach sie, mich und unsere Kinder auch in Zukunft auf unseren Lebenswegen zu begleiten und zu schützen. Aus diesen Antworten glaube ich eine fast schutzengelähnliche Aufgabe oder Funktion erkennen zu können. Nicht zuletzt bejahte sie meine Frage, ob ich dereinst nach meinem Tod mit ihr wieder zusammenfinden würde. Diese für mich verheißungsvolle und zugleich tröstliche Vorstellung verströmte Ruhe und unglaubliche Sicherheit, sodass ich nach dieser Antwort trotz meiner latenten Nervosität in einen tiefen und traumlosen Schlaf fiel.

In dieser Zeit ergaben sich erstmals Kontakte zu Erzengeln, und das kam so: Wieder einmal in Erwartung der Begegnung mit meiner Frau, empfing ich eines Nachts Energien, die sich neu und fremd anfühlten und auf ungewohnte Weise meinen Körper erfassten. Sowohl die Intensität als auch die rasch aufeinander folgenden Phasen des An- und Abschwellens der Energieströmung erschienen mir nicht geläufig. Und als sich auf meine Frage hin meine Frau nicht meldete, begann ich, einer spontanen Eingebung folgend, aus meinem sehr bescheidenen Wissen einige mir geläufige Engelnamen aufzurufen. Groß war meine Überraschung, als beim Nennen des Namens „Michael" ein gewaltiger Energiestrom meinen Körper erfasste und durchströmte. Auf meine nochmalige Frage, mit der ich mich zu vergewissern versuchte, erfolgten zwei kraftvolle, durch eine sehr kurze Spanne unterbrochene Impulse, ohne, dass ich zuvor mit meinem neuen Dialogpartner eigens meinen Sprachcode vereinbart hätte. „Er weiß das alles von sich aus" dachte ich und erhielt, kaum dass dieser Gedanke formuliert war, seine energische Bestätigung meiner Annahme. Seine Reaktion beeindruckte mich im Augenblick so sehr, dass ich nur noch zu bescheidenen Aktivitäten fähig war. Ich stellte Michael Fragen zum Befinden meiner Frau, obwohl ich von ihr selbst wusste, dass sie in einem beglückenden Zustand verweilte. Ich bat ihn, ihr, wenn nötig, Beistand zu leisten, obwohl sie mir längst zu verstehen gegeben hatte, dass sie sich in einem Bereich zwischen den Engeln bewegte, und letztlich bat ich ihn, mit mir den Kontakt zu halten und wieder zu erscheinen. Mit großer Freude nahm ich seine unvermittelte Zustimmung wahr. In der Folge und bis heute konnte und kann ich mich immer wieder auf sein Erscheinen und seine Antwortbereitschaft vertrauensvoll verlassen.

Auf eine völlig andere Art und Weise entwickelte sich mein Kontakt zum Erzengel Gabriel. Namentlich war er mir wohl geläufig, doch konnte ich bisher nichts Konkretes mit diesem Engel verbinden, bis mir eines Tages ein Buch über einen Engel namens KRYON in die Hände fiel. Nicht zufällig, wie ich damals meinte. Ein amerikanischer Autor beschrieb darin in Form eines Fantasy-Romans Engelkontakte, die er bildhaft in den Rahmen einer traumartigen Reise stellte, bis zum Rand gefüllt mit einer Symbolik, mit der ich trotz Bemühung kaum etwas anfangen konnte. Schon nach wenigen Seiten legte ich das Buch, dessen Inhalt mich einfach nicht ansprach, beiseite, doch las ich nach einigen Tagen, mehr aus Pflichtbewusstsein als aus Interesse oder Begeisterung, das Werk zu Ende.

Wenige Tage danach unterhielt ich mich beiläufig mit einer medial begabten Frau über dieses Buch, das sie zu meiner Verwunderung in den höchsten Tönen lobte. Da ich ihr mein Missvergnügen mit der Lektüre entgegenhielt, bat sie, das anerkannte Medium, mich, bei meinen Engeln nachzufragen, welche Bewandtnis es mit „KRYON" hätte. Nicht ganz ohne Stolz, von einem Medium solche Akzeptanz zu erleben, ging ich noch am selben Abend an diese Aufgabe heran und befragte auf meine Art keinen Geringeren, als den mir sofort erscheinenden Erzengel Michael über KRYON. Zu meiner Verblüffung erhielt ich umgehend die überraschende Antwort, dass dieser KRYON mit dem Erzengel Gabriel identisch sei oder in einem sehr engen Verhältnis stünde. Um den mir sehr wahrscheinlich vorkommenden Irrtum aufzuklären und richtig zu stellen, versuchte ich erstmal Gabriel anzusprechen, und siehe da, er erschien sofort in Form einer etwa genau so starken, wenn auch etwas anders fühlbaren Energie, als ich sie bei Michael kennen gelernt hatte. Und was mich besonders erstaunte: Er bestätigte seine energetische „Identität" als KRYON.

Als ich tags darauf meine Bekannte über das Ergebnis meiner nächtlichen Engelsbefragung informierte und in meiner zweifelnden Einstellung befürchtete, von ihr belächelt und berichtigt zu werden, antwortete sie zu meinem freudigen Erstaunen, dass sie selbst dieselbe Information aus der Engelwelt erhalten hätte und sich durch meine Erkundigung eigentlich nur selbst über die Richtigkeit ihrer Botschaft vergewissern wollte und sich nun durch mich bestätigt fühlte. Seit diesem Tag ist Gabriel – KRYON für mich neben Michael ein gleich starker, gleich wichtiger und gleichermaßen beglückender Ansprechpartner.

# Die Eremitage La Victoria

Im folgenden Jahr reiste ich für kurze Zeit nach Mallorca. Obwohl ich mich zuhause durchaus wohl fühle, die vertraute Umgebung mag, die Menschen in der unmittelbaren Nachbarschaft und im Ort, obwohl mich unzählige Erinnerungen an zuhause binden, überkommt mich manchmal das Gefühl, aus allem rasch ausbrechen zu müssen. Es ist wie eine Flucht aus dem Alltag, der Eindruck allzu enger Wände und einer Decke, die mir auf den Kopf zu fallen drohte. Ich ließ mich von der ungewissen Hoffnung tragen, dass mein trauriges Herz in einer neuen Umgebung Befreiung finden und die Erinnerung leichter tragen könnte. Doch vielleicht soll man seinen Gedanken und Gefühlen nicht zu entfliehen versuchen, denn sie sind kostbare Erinnerungen an die Vergangenheit und Teil von uns selbst.

In der Absicht, meine neue Umgebung systematisch kennenzulernen, durchforschte ich die Insel und begab mich eines Tages in den nördlichen Teil eines schroffen Gebirgszuges. Zur Mittagszeit fand ich ein kleines Ausflugslokal in luftiger Höhe mit einer reizvollen Aussicht auf eine weite Bucht. Daneben erhob sich eine menschenleere Kirche mit einer ebenso unauffälligen Einsiedelei. Bevor ich aufbrach, um meinen Weg fortzusetzen, betrat ich aus einer unbestimmten Neugier die Kirche. Die Eremitada la Victoria bei Alcúdia empfing mich bereits beim Eingang mit geradezu überfallsartig auf mich einstürmenden Energiewellen, die mich sehr überraschten und mir unvergesslich bleiben werden. Je weiter ich mich vom Eingang ins Innere auf den Hauptaltar zubewegte, desto schwächer wurden die Energieschübe. Gerade beim Altar, wo ich zunächst einen Kraftplatz vermutete, konnte ich unerklärlicherweise nichts mehr spüren. Als ich glaubte, mich vielleicht doch getäuscht zu haben und die Kirche wieder verlassen wollte, schwoll die Energie im Eingangsbereich wieder stark an und nahm erst am Vorplatz der Kirche allmählich ab.

Ich grübelte und rätselte noch lange über den Hintergrund des Erlebnisses nach. Ich war so sehr von den Empfindungen beeindruckt, dass es mir nicht einfiel, meine Engel oder meine Frau nach dem Sinn zu fragen. Bis heute blieb mir der Hintergrund dieses Erlebnisses verschlossen, aber als einprägsamster Eindruck meiner Reise von allen Bildern, die mir geblieben sind, am deutlichsten haften. Ich ahnte damals nicht, dass mir noch ähnliche Erlebnisse bevorstünden. Mit Spannung und einiger Erwartung besuchte ich auch die berühmte und prachtvolle Kathedrale in der Inselhauptstadt, doch konnte ich dort keinerlei Empfindungen wahrnehmen, die sich mit denen in der kleinen Einsiedelei vergleichen ließen. Die energetische Bedeutung eines bestimmten Ortes ist für mich persönlich ganz offensichtlich nicht mit irgendwelchen historischen, kulturellen oder religiösen Wertigkeiten verbunden.

# Der Engelkongress

Einige Zeit später schloss ich mich Freunden an, die zu einer großen Veranstaltung nach Hamburg reisten. Es waren Channelings, Engelerscheinungen, Vorträgen berühmter Medien und Energetiker und einer dazugehörige Präsentation von Büchern, Bildern und sonstigen einschlägigen Artikeln angekündigt. Neugierig fuhr ich dorthin, in der stillen Hoffnung, aus der Begegnung mit hellsichtigen Menschen vielleicht wertvolle Erfahrungen für meine persönliche Entwicklung im Umgang mit der Engelwelt zu gewinnen.

Die Vorträge spannten einen weiten Bogen über tiefgreifende und anhaltende Verbindungen zwischen sensitiven Personen und der Engelwelt. So unterschiedlich die Art der Ausführungen auch schien, so unterschiedlich waren offenbar auch die Möglichkeiten des Zuganges. Beeindruckend empfand ich die Seriosität und Überzeugungskraft, die Authentizität und sogar die Heiterkeit und Leichtigkeit, mit der über verschiedenste Begegnungen mit Engeln berichtet wurde. Ein Tenor war allen Berichten gemeinsam: „Nichts erzwingen wollen, nicht krampfhaft Kontakte suchen, nicht die eigenen Erwartungen hochschrauben, sondern geduldig sein, locker bleiben und bereit für den Zugang zum Jenseitigen sein, in Demut darauf warten können."

Für mich waren das Bestätigungen meiner bisher vergleichsweise nur bescheidenen Erfahrungen und der deutliche Hinweis darauf, dass das, was mir bisher zuteil wurde, keinesfalls das Privileg eines Auserwählten sein konnte. Hier fand ich mich offenbar in einem großen Kreis zahlloser Gleichgesinnter, Gleichfühlender und Gleichbedachter wieder. Ich vermeinte trotzdem, aus dieser Veranstaltung für mich keinen geistig-seelischen Nutzen ziehen zu können und erhielt auch keinen unmittelbaren Anstoß, keine Anregung für meine persönliche Entwicklung.

Es entzieht sich meiner Beurteilung festzustellen, inwieweit der Event für andere nützlich oder heilsam war, doch zog ich für mich den Schluss, dass ich offenbar nicht fähig oder in der Lage war, in Form von Veranstaltungen Kontakte mit der Engelwelt selbst zu initiieren, geschweige denn die Entwicklung steuernd in die Hand zu nehmen. Mein persönlicher Weg scheint ein anderer zu sein: Mich einfach nur bereit zu halten, viel Geduld zu üben und das Gesetz des Handelns vertrauensvoll höheren Kräften zu überlassen.

Und doch war mein Weg nach Hamburg nicht vergebens. Ein besonderes Ereignis am Rande des Kongresses war mein Zusammentreffen mit einer hellsichtigen Dame. Trotz einer genauen Wegbeschreibung war sie nur schwer zu finden, denn sie hatte sich in die Einsamkeit eines kleinen Häuschens abseits der großen Verkehrswege zurückgezogen. Bei einer Schale Tee und Kuchen eröffnete sie in ihrer ruhigen, sicheren und selbstverständlich anmutenden Art, fast so, als wäre es belanglos, dass sie bereits seit ihrer frühen Kindheit hellsichtig sei. Sie verfüge auch über engen Kontakt zur Engelwelt und habe sich zurückgezogen, um nicht von Ratsuchenden bedrängt und überlaufen zu werden.

Nach kurzem Innehalten begann sie über mich und meine jüngste Vergangenheit zu sprechen. Sie erwähnte Details, von denen sie eigentlich nichts wissen konnte und verband sich zu meinem Erstaunen schließlich mit ihrem Geistführer und Erzengel Michael. Die Art und Weise, wie diese Verbindung funktionierte, war verblüffend. Sie richtete an sie mit lauter Stimme Fragen, hörte anscheinend in sich hinein und erhielt Antworten, die sie nun in derselben Lautstärke an mich weitergab. Es erschien mir nicht anders, als würde sie mit jemandem telefonieren und mir bloß mitteilen, was der Gesprächspartner am Telefon zu ihr sagte. Nur, gab es hier kein Telefon und die Gesprächspartner waren Engelwesen!

Die Antworten schienen klar und deutlich: Sie bestätigten ihr die ehemals starke und enge Liebesbeziehung, die meine Frau und mich verbunden hatte, sie bestätigten ihr „Weiterleben" im Jenseits, ihr besonderes „Naheverhältnis" zu Jesus und den Engeln, und erklärten sogar ihre besondere Aufgabe, die ihr „drüben" zugeteilt worden war: Sie habe es übernommen, die Seelen Verstorbener in Empfang zu nehmen und ihnen dabei zu helfen, sich in ihrem neuen

Umfeld zurechtzufinden. Die Engelwesen versicherten der hellsichtigen Dame auch, dass meine Frau bereit sei, mich und unsere Kinder auf unserem weiteren Lebensweg liebevoll zu begleiten und zu schützen, sowie auch weiterhin mit mir in Verbindung zu bleiben.

So sehr ich mich auch über diese Botschaft freute, blieben zumindest Zweifel über die angebliche Aufgabenstellung meiner Frau in mir haften. Sie schien mir, da sie sich zu Lebzeiten durch ihr offenes Zugehen auf andere Menschen, durch ihren freundlichen Umgang, ihre ausgeprägte Kontaktfähigkeit und ihre Hilfsbereitschaft auszeichnete, wohl prädestiniert für diese Aufgabe, doch konnte ich meine Skepsis über ihre Angaben nicht überwinden. Ich beschloss daher, das Gehörte fürs erste stehen zu lassen und hoffte, darüber vielleicht zu einem späteren Zeitpunkt mehr und Genaueres zu erfahren. Darauf musste ich nicht lange warten.

# Die Probe aufs Exempel

Nach Hause heimgekehrt, wurde ich von den üblichen Arbeiten und Aufgaben des Alltags in Beschlag genommen und war mit Erledigungen beschäftigt und ausgelastet. Nur des Nachts, wenn ich meist zwischen ein und drei Uhr morgens erwachte, konnte ich Energien von meiner Frau oder verschiedenen Engeln empfangen. Warum ich gerade in dieser Zeitspanne häufig Kontakte erhalten habe, weiß ich nicht. Ich erhielt keine neuen, wichtigen Informationen, aber immer wieder die beglückende Bestätigung, dass meine Verbindungen nach wie vor intakt blieben. Das war wichtig für mich, denn nach jeder Unterbrechung keimte in mir die scheinbar unbegründete Angst, die Verbindungen könnten so rasch zu Ende gehen, wie sie begonnen hatten.

Eines Nachts, als ich wieder einmal die Energie meiner Frau verspüren durfte, stellte ich ihr die Frage, ob die Informationen dieser Dame aus Hamburg stimmten, ob sie tatsächlich die Seelen von Verstorbenen in Empfang nähme, um sie auf den ihnen zukommenden Platz zu geleiten. Sofort und mit sehr starker Intensität erhielt ich die eindeutige, bejahende Antwort, was mich mit tiefer Freude erfüllte und gleichzeitig mein Vertrauen in die besonderen Fähigkeiten dieser Frau stärkte.

Nur kurze Zeit danach ergab sich, dass im Ort zwei mir bekannte alte Männer innerhalb weniger Tage verstarben. Um den letzten Rest meiner Zweifel zu beseitigen beschloss ich, mir Sicherheit zu verschaffen und diese Anlässe zu einer neuerlichen Kontaktnahme mit meiner Frau zu nutzen. Sie erschien mir und bestätigte auf meine Frage nochmals mit großer Deutlichkeit, dass sie mit beiden Seelen Verbindung aufgenommen habe. So sehr mir diese Zusicherung Gewissheit und eine Art von innerer Ruhe gab, so tröstlich mir die meiner Frau zugekommene Aufgabenstellung schien, so sehr ich mich über die Verbindungsmöglichkeit mit meiner Frau auch freuen durfte, so sehr vermisste ich sie am folgenden Tag ganz besonders stark und wurde mir meiner Einsamkeit einmal mehr deutlich bewusst.

# Wer ist Jophiel?

Immer dann, wenn ich über die Begegnung mit einem Engel, einer Seele oder sonst einer himmlischen Kraft berichte, so auch gerade jetzt, da ich diese Zeilen schreibe, überkommt mich ein energetischer Schauer mit ganz besonderer, manchmal unterschiedlich stark wahrnehmbarer Intensität.

Nach einer Nacht ohne besondere Erwartungen und Empfindungen, erwachte ich frühmorgens. Um mich breitete sich noch tiefe Dunkelheit aus, nur der Schimmer der schwachen Straßenbeleuchtung drang durch den schmalen Spalt des Vorhangs ins Schlafzimmer. Ich schildere meine Umgebung und diese Nebensächlichkeiten nur deshalb so ausführlich, um klar zu machen, dass ich bei vollem Bewusstsein war und mich kein Traum mehr irritieren konnte.

Zuerst bemerkte ich einen schwachen Lufthauch, das immer wieder auftretende Phänomen, das mich mittlerweile nicht mehr erschreckt, da es mir von bisherigen Engelsbegegnungen als Vorbote schon vertraut war. Ich lag auf meiner linken Körperseite und bevor ich mich auf den Rücken drehen konnte, empfand ich einen behutsam sanften Druck, der sich von meiner rechten Schulter auf meine ganze rechte Körperhälfte ausbreitete. Es war mir, als würde jemand eine zusätzliche Bettdecke über mich ausbreiten. Den Eindruck empfand ich so deutlich, als sei ein fremder Mensch in mein Schlafzimmer eingedrungen und beuge sich über mich. Gleichzeitig machte ich mir bewusst, dass niemand sich in das Haus hätte geräuschlos Zutritt verschaffen können. Ich glaubte zu erstarren und blieb regungslos, überrascht und unfähig zu reagieren auf meiner linken Seite liegen. Der leichte körperliche Druck verstärkte sich, wurde deutlich spürbar und plötzlich vernahm ich eine Stimme. Sie sprach nur wenige Worte, eigentlich nur einen kurzen Satz, in ganz ruhigem Tonfall: „Ich bin dein Engel".

Damit war wohl alles gesagt. Ich hörte und bewegte mich nicht und ich schloss meine Augen. Und kaum waren die Worte verklungen, sah ich, wohlgemerkt mit geschlossenen Augen, den Kopf und den Oberkörper einer überlebensgroßen, menschenähnlichen Gestalt: Hellgrau bis hellbraun getönt, einer griechisch-römischen Götter- oder Heldengestalt nicht unähnlich, die sich über mich gebeugt hatte und mich streifend berührte. Das Gesicht war leicht abgewandt, so dass ich zwar den Kopf mit dem Haupthaar, dem Ohr und der Wange sehen konnte, nicht aber Augen, Nase und Mund. Es war mir, als wollte der nächtliche Gast meinen Blick in sein Antlitz vermeiden.

Die Zeit stand für mich im Augenblick still und ich kann nicht sagen wie lange ich „meinen Engel" spüren durfte, wie lange ich bewegungslos da lag. Ich weiß auch nicht, ob ich die Kraft gehabt hätte, seinen Satz zu erwidern, oder neugierige Fragen zu stellen. Ich fühlte mich nahezu gelähmt und nur in der Lage zu hören, zu sehen und zu fühlen. Anfangs war ich von Furcht erfüllt, dann überwältigt und im eigentlichen Sinne sprachlos über die wunderbare Erscheinung, dann, so erinnere ich mich deutlich, erfasste mich in meiner Bewegungslosigkeit sogar eine Art Glücksgefühl, sodass ich den seltsamen Zustand genoss und gerne in die Länge gezogen hätte.

Doch plötzlich, so rasch wie es gekommen war, war das Erlebnis vorüber und ich versuchte, Klarheit zu finden und mein Verstand begann sich wieder zu regen. Eine Erklärung fand ich nicht. Ich hatte mit geschlossenen Augen sehen können, ich hatte eine Stimme wahrgenommen und ich bin fest überzeugt, sie nicht mit den Ohren, sondern direkt im Inneren meines Kopfes vernommen zu haben. Als sich die Erscheinung aufgelöst hatte, blieb ich allein mit meinen Fragen, meiner Unsicherheit, meinen aufgewühlten Gefühlen zurück. An Schlaf war nicht zu denken und ich begann nach Erklärungen für das Erlebte zu suchen. Ahnungslos, aber von meiner Neugier getrieben, richtete ich der Reihe nach an meine Frau und die mir bekannten Engel Fragen, wer wohl mein nächtlicher Besucher gewesen war. Doch von niemandem erhielt ich Antwort, obwohl ich mich erst angestrengt, dann möglichst entspannt mit allen in Verbindung zu setzen versuchte. Schließlich war ich nahe daran, resignierend aufzugeben, als ich mich plötzlich einen Namen vor mich hinsagen hörte, der mir bis zu diesem Zeitpunkt nicht geläufig war. Ich habe bis heute keine Erklärung dafür, dass ich den Namen „Jophiel?" aussprach. Der Name sagte mir nichts und ich konnte damit auch keinerlei Vorstellung verbinden. Kaum hatte ich den Namen ausgesprochen, fühlte ich eine starke Energie wellenartig und mit großer Kraft durch meinen ganzen Körper strömen. Sie schien kein Ende nehmen zu wollen, bis ich die Frage stellte: „Jophiel, ist das dein Name?" Unmissverständlich und wie zur Bestätigung empfing ich deutlich und stark wiederum zwei Energiewellen in kurzem Abstand.

Als ich glaubte, mich nach diesem aufwühlenden Erlebnis wieder einigermaßen in der Gewalt zu haben, stand ich auf, machte Licht und begann in den Büchern zu stöbern, um etwas über Jophiel zu erfahren. Aber nicht einmal der Brockhaus konnte mir weiterhelfen. Warum hatte sich der Engel mir gezeigt, warum hatte er gesprochen? Was sollte das bedeuten, dass er „mein" Engel sei? Ein zusätzlicher Schutzengel? Eine aufschlussreiche Antwort habe ich bis heute nicht gefunden. Ich weiß mittlerweile nur so viel, dass ich mich an ihn mit der direkten Bitte um Kontaktaufnahme wenden kann, dass er sich mit mir, wie andere Engel auch, von Zeit zu Zeit in Verbindung setzt, auf mich eingeht und mich seine Energie spüren lässt. Ich bitte ihn seither öfters um sein körperliches oder akustisches Erscheinen, doch bisher leider vergeblich. Mich erfüllt manchmal eine unbeschreibliche Sehnsucht nach einer Fortsetzung oder Wiederholung der aufregenden und beglückenden Begegnung und ich warte, denn ich habe mittlerweile gelernt, geduldig zu sein und das Gesetz des Handelns den höheren Wesen zu überlassen. Ich vertraue darauf, dass mir Jophiel immerhin bestätigt und zugesichert hat, auch in Zukunft wieder zu erscheinen. Die Verbindung macht Pause, sie ist aber nicht abgeschnitten.

Inzwischen konnte ich in Erfahrung bringen, dass Jophiel ein Erzengel ist und für Lebensfreude und Weisheit steht. In mir hat er zielsicher einen Suchenden und Bedürftigen, durch die Ereignisse der letzten Jahre erschütterten und wohl auch verletzten Menschen gefunden. Ich hoffe auf seine weitere Unterstützung und freundschaftliche Hilfsbereitschaft.

# Bischof Antiocio di Bisarca

Als sich der Sommer seinem Ende zuneigte, ergab sich die Gelegenheit, einige Tage auf Sardinien zu verbringen. Kaum war ich an meinem Urlaubsort angekommen, bereit in das entspannende Gefühl der Erholung und des Aufnehmens neuer Eindrücke einzutauchen, begann ich im Reiseführer nach möglichst attraktiven Ausflugszielen und Sehenswürdigkeiten zu schmökern. Plötzlich musste ich in der Lektüre innehalten und konnte nicht weiterlesen.

„Antiocio di Bisarca" stand vor meinen Augen und im selben Moment „überfiel" mich ein Energieschwall, wie ich ihn bisher nur von Engelsbegegnungen kannte.
Irritiert las ich dieselbe Textstelle nochmals und wiederum stockte ich, denn energieartige Schauer liefen durch meinen Körper. Im Buch fand sich an der besagten Stelle lediglich die kurze Beschreibung einer der wenigen, nicht einmal als besonders sehenswert eingestuften alten Landkirchen, halb verfallen und vormals der Sitz eines Bischofs, nur gelegentlich noch zu kirchlichen Zwecken genutzt, inmitten einer schlichten ländlichen Idylle. Meine energetische Reaktion auf den Namen Antiocio blieb mir zunächst rätselhaft.

Neugierig geworden, reiste ich an einem der folgenden Tage zu der besagten Landkirche und konnte bereits bei meiner Annäherung an das Gebäude wiederum das nun schon vertraute Gefühl einer unbestimmten Energie wahrnehmen, das bis zum Betreten des Kirchenraumes anhielt. Vor Ort erhielt ich die Information, dass die Episcopalkirche dem Heiligen Antiocio geweiht war. Er lebte im 4. Jahrhundert nach Christi Geburt, stammte aus Kleinasien und war beim römischen Kaiser als Leibarzt in Ungnade gefallen. Daher wurde er strafweise auf die damals noch malariaverseuchte Insel verbannt, wo er als Arzt und Bischof viel Gutes tat, bevor er dort verstarb. Mehr war darüber nicht zu erfahren.

Abends, als ich zu Bett gegangen war, versuchte ich mich geradewegs mit Antiocio zu verbinden und das gelang zu meiner großen Freude auf Anhieb, als hätte er nur darauf gewartet. In meinem mühsamen und recht umständlichen Fragemodus, dessen Einzelheiten ich einfachheitshalber nicht in ganzem Umfang wiedergeben möchte, tastete ich mich allmählich an den Kern dieser seltsamen Verbindung heran und kam schließlich zu folgendem, phantastisch anmutenden Ergebnis:

Antiocio hatte zu Lebzeiten eine Schwester, der er angeblich herzlich zugetan war, die ihn in die Verbannung begleitet und dort unterstützt hatte. Ein Teil ihrer Seele sei nun mit meiner Seele verbunden, würde in mir weiter existieren. Daraus sei seine Zuneigung zu mir abzuleiten und er würde mir, dem „Seelenverwandten" als eine Art Schutzpatron oder geistiger Führer zur Seite stehen. Ich konnte und wollte dieses stark berührende Angebot keinesfalls ausschlagen. Die Erklärung erschien mir berührend und ergreifend, andererseits abenteuerlich und unglaublich, sodass Zweifel in mir hochkamen. Am nächsten Tag versuchte ich, während ich scheinbar ruhig und gemütlich am Pool lag und andere Hotelgäste rundum ihren Vergnügungen nachgingen, ein paar klare Gedanken zu fassen. Ich schloss die Augen, begann mich in die merkwürdige Situation mit Antiocio einzufühlen und bat „meinen Engel" Jophiel, sich mit mir zu verbinden.

Tatsächlich empfing ich bald schon seine Energie in kräftigen Wellen, die mich zur Gänze durchströmten und seine Bereitschaft bekundeten, auf mich einzugehen. Er bestätigte mir nun alle von Antiocio erteilten Auskünfte und Angaben, die ich empfangen hatte. Auch versprach er mir auf meine ausdrückliche Bitte, wieder zu erscheinen. Auch meiner Frau würde ich immer wieder begegnen. Weiters bestätigte er mir die „Identität" des Erzengels Gabriel mit KRYON. Als ich schließlich noch erfahren wollte, ob nicht meine Kinder und meine Schwiegermutter die Energie meiner Frau auch erleben dürften, da sie doch mit großer Sehnsucht und Liebe zu der Verstorbenen erfüllt seien, bedeutete mir Jophiel, dass wahrscheinlich die Töchter zum geeigneten Zeitpunkt Verbindung erhalten würden, ihre Großmutter aber eher nicht, da sie diese Eindrücke möglicherweise seelisch nicht verkraften könne. An diesem Punkt endete der stille Dialog und Jophiel zog sich zurück.

Im Zusammenhang mit der abenteuerlich anmutenden seelischen Verbindung zu Antiocios Schwester erinnere ich mich an eine ganz bestimmte Information, die ich im Gespräch mit der in einem vorangegangenen Kapitel geschilderten Begegnung mit der hellsichtigen Frau in Hamburg erhielt. Sie meinte, dass meist nur ein kleiner Teil der Seele in den Menschen auf Erden wohne. Der größere Anteil der Seele befände sich entweder in anderen Menschen, die derzeit leben oder schon gelebt haben, woraus sich sogenannte Seelenverwandtschaften oder Seelenfamilien erklären lassen. Dieses Phänomen sei unabhängig von natürlichen Verwandtschaften und Familienverhältnissen.

# Ein Besuch meiner Frau

Kurze Zeit danach erwartete mich ein wunderbares Erlebnis. Wieder erwachte ich des Nachts unvermittelt und verspürte sofort starke Energien im Raum, die sich insbesondere über meinem Kopf zu konzentrieren schienen. Mein Schlaf war sofort verflogen und ich empfand erwartungsvolle Freude auf das, was mir bevorstand. Ich kann behaupten, dass ich mich an die Art dieser Vorgänge beinahe schon gewöhnt hatte und die ängstliche Anspannung auf das ungewisse Ereignis nach einigen Malen deutlich abgenommen hatte. Stattdessen erfüllte mich die Vorfreude auf das mit jeder energetischen Begegnung einhergehende Wohlempfinden und Seligkeit. In diesem Moment streckte ich meine Hände hoch, breitete die Arme aus und fühlte sofort die Gewissheit, dass meine Frau zugegen sein musste. Beglückt sprach ich sie an und redete mit ihr, als wäre sie noch am Leben. Ich schilderte ihr die Ereignisse und das Geschehen in unserer Familie, vor allem unsere Kinder standen im Mittelpunkt meiner Berichte. Sie vermittelte mir dabei den Eindruck, dass sie sich über unsere Unterhaltung sehr freute, obwohl ich immer der Meinung war, dass aus dem Jenseits ohnehin alles und jedes erkennbar und bekannt sein müsse. Und dennoch, ich bekam – wie schon manchmal zuvor – das Gefühl, dass ausgesprochene Worte drüben besser zu empfangen seien als ungesprochene Gedanken. Dennoch habe ich in manchen Begegnungen festgestellt, dass auch auf bloß Gedachtes die passenden Reaktionen folgen können.

Als unsere „Unterredung" dem Ende zuging, fühlte ich, dass die Energie meiner Frau sich wie ein großer unsichtbarer Schirm über mich ausbreitete und auf mich rieselte. Da ich nach kurzer Zeit dieses wohlige Schauergefühl nachlassen spürte, gelang es mir, mit ausgestreckten Armen Bewegungen in Richtung meines Kopfes auszuführen und die Empfindungen der energetischen „Berieselung" zu verlängern und zu verstärken.

Diesen Effekt konnte ich später bei manchen Engelbegegnungen wieder wahrnehmen. In diesem Zusammenhang möchte ich auf eine ganz bestimmte Qi

Gong–Übung hinweisen, bei der versucht wird, mit weit ausholenden langsamen Armbewegungen über dem Kopf eine Energiekugel zu formen und diese so geballte Energie durch sanftes Herabziehen der Arme über den Körper fließen zu lassen. Die Ähnlichkeit dieses Vorgangs mit meinen persönlichen Erfahrungen über diese Art von „Energiedusche“ finde ich verblüffend.

# Liebe ist die Energie

Diese Behauptung gleicht nahezu einer einfachen mathematischen Formel. Den Beweis dafür muss ich zurzeit zwar noch schuldig bleiben, doch habe ich dafür Anhaltspunkte gefunden, die ich im Folgenden schildern möchte.

Mitte Oktober kam unser Hochzeitstag auf mich zu, den ich erstmals alleine begehen musste. Schon der Tag davor erfüllte mich mit Erinnerungen bis an den Rand des Erträglichen. Über Träume will ich nicht sprechen. Besonders Gedanken an sehr glückliche Momente taten schrecklich weh und führten mich in einen Zustand tiefer Traurigkeit. Ich war bisher überzeugt, dass kalendermäßig festzuhaltende, für uns hier auf Erden bedeutsame Fest- und Gedenktage im Jenseits wohl keine Bedeutung mehr hätten. Doch ein ganz besonderes Erlebnis kam nun auf mich zu und nötigte mich, meine Meinung grundsätzlich zu korrigieren.

Am Morgen dieses denkwürdigen Tages, es war schon hell geworden und ich hatte mich eben entschlossen aufzustehen, überkam mich völlig unvorbereitet und ahnungslos ganz plötzlich eine ungeheuer starke und dabei gleichzeitig wundervoll angenehme Energie. Sie kam deshalb so unerwartet, da ich derartige Erlebnisse bisher nur im Dunkel der Nacht empfunden hatte, und sie kam so unvermittelt, da ich mich in keiner Weise darauf einstellen konnte. Jedenfalls erfasste mich der Energieschauer mit voller Kraft und mein erster Gedanke, den ich mit dem Geschehen assoziierte, galt meiner Frau und unserem Hochzeitstag. Doch weit gefehlt: Meine Frage wurde verneint und dieses „NEIN" fuhr mir mit ungewöhnlich starker Intensität durch den Körper. Rasch und verunsichert fragte ich nun der Reihe nach die mir geläufigen Erzengel und meinen „Schutzpatron" Antiocio durch. Und jedes Mal folgte deutlich ein NEIN, was mich noch unsicherer und ratloser machte. Gleichzeitig erfassten mich aber wieder starke Energieströme, sodass ich vermeinte, bald die Grenze des Erträglichen zu erreichen. Ich befürchtete, allmählich die Beherrschung über die Muskulatur meines Körpers zu verlieren, vor allem die Gesichtsmuskulatur schien mir zu erstarren. „Mein Gott, Jesus", dachte ich zaghaft und eigentlich ohne Erwartung, doch gerade jetzt jagten zwei Energiewellen in kurzem Abstand durch mich durch. „Mein Gott, Jesus", fragte ich ungläubig und halblaut, und wiederum erhielt ich dieselbe Antwort. Trotz meiner jetzt fast übermächtig aufwallenden Erregung fasste ich mir ein Herz, nahm meinen spontan verbleibenden Rest an Mut zusammen, dachte ganz fest an meine Frau und fragte „Hast du sie bei dir aufgenommen?". Ich fand keine Zeit mehr, darüber nachzudenken, ob diese Frage gehörig und angemessen wäre, obwohl mich eine tiefe Ehrfurcht vor meinem Gesprächspartner erfüllte. Ich hätte es längst wissen müssen, denn immerhin hatten mir diese Situation doch schon früher Engel bestätigt. Die Antwort kam unverzüglich, klar verständlich und mit größter Intensität: Zwei Wellen in kurzer Abfolge – ein JA, das keinen Zweifel mehr duldete.

Im selben Moment erinnerte ich mich, dass mir meine Frau selbst schon bedeutet hatte, dass ich ihr nach meinem Tod wieder begegnen und mit ihr zusammenbleiben könnte. So richtete ich dieselbe Frage an mein Gegenüber, von dem ich mit erstaunlicher Gewissheit empfand, dass es nur Jesus sein konnte: „Werde ich einmal auch in Deine Nähe kommen dürfen?" Während ich noch die Frage aussprach, erschien sie mir zu dreist und aufdringlich. Andererseits erfüllte mich das Gefühl einer unbeschreiblichen Sehnsucht, die mich dazu trieb. Gleichzeitig wurde ich mir all meiner Fehler und meiner Unzulänglichkeiten bewusst und Bangigkeit erfüllte mich wie vor einem ungewissen „Urteilsspruch". Doch die Antwort kam sofort und ein wunderbar erlösendes Gefühl erfasste mich. Zweimal spürte ich die Energieströme, das bedeutete „JA". Ich empfand dieses Ergebnis nicht nur beglückend, ich war geradezu überwältigt und konnte im Moment nichts mehr denken und fragen.

Nach einigen Atemzügen, einer kurzen Pause, schoss mir jene Frage durch den Kopf, die mich schon lange beschäftigte, was wohl hinter der seltsamen Energie verborgen sein könnte, die ich nur unzureichend zu beschreiben vermochte, die mich aber immer wieder mit deutlichen, stark wahrnehmbaren und unverwechselbaren Schwingungen oder Strömungen erfüllte.

Die Frage brannte mir auf der Seele, als ich sie formulierte: „Diese Energie, die ich spüre, ist das Gottesliebe?" Meine Anspannung war gewaltig, ich hielt den Atem an und versuchte nur zu fühlen, mich zu öffnen und bereit zu sein. Die Antwort folgte sofort und eindeutig: „JA". Mich erfüllte dieses JA mit ehrfürchtigem Schauer, dem ich mich nicht entziehen konnte. Alle Kontakte, die ich empfangen durfte, mit meiner Frau, mit den Engeln, mit dem Schutzpatron und alle zukünftigen Energiewellen, die ich weiter erhoffe, all diese Empfindungen sind auf eine einzige Quelle zurückführbar und für mich erklärbar geworden, auf die Liebe Gottes. Alles was ich seit meiner Kindheit, seit meiner Schulzeit darüber gehört, gelesen und immer wieder mit großer Skepsis bezweifelt hatte, war in einem einzigen Augenblick meine Wahrheit geworden.

Ich erinnere mich, dass ich unter dem starken Eindruck, den diese Begegnung in mir auslöste, in Tränen ausbrach. Erst nach einer Weile, als ich mich wieder fassen konnte, stand ich auf. Ich war unfähig festzustellen, wie lange dieser Zustand angedauert hatte.

Im weiteren Verlauf dieses Tages agierte ich nur mit einer eigentümlichen Automatik und erweckte bei meiner Umgebung den Eindruck besonderer Zerstreutheit und Geistesabwesenheit. Das Erlebnis meiner besonderen Begegnung und seine Bereitschaft, auf mich und meine Fragen einzugehen, bewegten mich tief und beschäftigten mich unablässig. Wie konnte zwischen Jesus und mir unbedeutendem einfachen Menschlein eine Verbindung zustande kommen? Doch diesmal konnten sich meine angeborenen Zweifel und meine Skepsis nicht entwickeln, dafür waren meine Erlebnisse einfach zu stark, zu deutlich und einprägsam gewesen. In mir schien alles langanhaltend nachzuschwingen. Diese hohe Anspannung hielt auch während der nächsten Tage an. Der starke Eindruck dieser besonderen Begegnung, die besondere Heftigkeit der energetischen Wellen und vor allem der besondere Inhalt der Botschaft nahmen mein ganzes Denken und Fühlen in Anspruch.

Wenn Energie Liebe ist, dann müsste jede uns bekannte Energieform, jede Schwingung kleinster Teilchen, jeder Aggregatzustand, den wir kennen, alles was von Forschern in Energieformeln gekleidet wurde, alles was unser Leben ausmacht, das ganze Universum einfach nichts anderes sein als verschiedenste

Ausdrucksformen von einem, auf das wirklich Alles zurückzuführen sei: Gottes Liebe.

Die Überlegung erschien mir sogar logisch, konsequent und überzeugend. Gleichzeitig war sie, obwohl ich ihrer in meinem Zustand gar nicht mehr bedurft hätte, mein ganz persönlicher Gottesbeweis schlechthin. Während ich damit beschäftigt war, meine Gefühle zu erkennen und meine Gedanken in eine gewisse Ordnung zu bringen, vermeinte ich ständig, eine ganz besondere Innigkeit und liebevolle Zuneigung zu spüren.

Dazwischen erinnerte ich mich der tiefen Verzweiflung über meine Hilflosigkeit, mit der ich dem nahenden Tod meiner Frau entgegengezittert hatte, an unsere flehentlichen Gebete, das Schicksal möge im letzten Moment noch abgewendet werden, ein Wunder möge geschehen, wie sie an vielen Gnadenorten in der Vergangenheit doch zu Hunderten und Tausenden nachweislich geschehen waren.

Als schließlich die letzte Hoffnung zusammengebrochen war, erinnerte ich mich an meine plötzlich aufgetretene Unfähigkeit, den Namen Gottes in Gedanken oder im Gebet mit dem Wort „lieb" in Verbindung zu bringen. Mit großer Bitterkeit weigerte ich mich ein Vaterunser auch nur mitzubeten, weil die Wortfolge „dein Wille geschehe" für mich nicht mehr nachvollziehbar war und ich den Gedanken daran nicht mehr ertragen konnte.

Obwohl ich mich gegen alle Trostzusprüche verwehrte, wonach die Zeit alle Wunden heilen werde, kehrte inzwischen wieder ein kleines Stück Frieden in mein Herz zurück. Die Begegnung mit Jesus, seine Energie, seine Liebe hatte mich zutiefst erschüttert und gleichzeitig versöhnlich gestimmt. Ich fühle mich bereit zu akzeptieren, dass hinter den fürchterlichen Erlebnissen des Todes meiner Frau ein für mich noch verborgener Sinn liegen müsse, auch wenn er mir bis jetzt leider verschlossen bleibt.

Als ich diese Zeilen schrieb, konnte ich mit großem Erstaunen feststellen, dass mich gleichzeitig – wie zur Bestätigung der Richtigkeit meiner Annahme –

anhaltende Energieströme und kühle Schauer durchrieselten. Für mich sind das bestärkende Anzeichen dafür, meine Empfindungen und Erlebnisse nicht für mich zu behalten, sondern sie nach außen zu tragen und an interessierte Menschen weiterzugeben.

# Mein Schutzpatron antwortet

Es verstrich einige Zeit, in der ich sehnsüchtig, aber leider vergebens auf neuerliche Begegnungen hoffte. Meine Erfahrungen hatten mich wohl gelehrt, dass nicht meine Wünsche allein ausreichten, um eine Verbindung nach oben zu bekommen, sondern dass stets Geduld und Ausdauer in Verbindung mit dem Vertrauen, nicht mehr verlassen zu werden, gefordert sind. Ich fühlte mich auf das Wollen und auf die Entscheidung meiner geistigen Begleiter angewiesen und vertraute auf ihr höheres Wissen um die richtige Zeit.

Eines Nachts, der Oktober neigte sich bereits dem Ende zu, erlebte ich im Aufwachen, dass sich mein Schutzpatron Antiocio meldete und seine Bereitschaft mit energetischen Strömen, die durch meinen Körper zu fließen begannen, ankündigte, sich mit mir zu verbinden. Gleichzeitig durchströmte mich ein unglaublich angenehmes Glücksgefühl und stärkte das Bewusstsein, nicht verlassen zu werden.

Auf meine schon mehrfach wiederholten Fragen, die sich immer wieder um die Kontakte zu meiner Frau drehten, da mich dieses Thema als zentrales Problem ständig beschäftigte, beruhigte Antiocio mich mit der Zusicherung, dass meine Frau mit meiner Familie in dauerhafter Verbindung bleiben würde, sofern wir das wünschten.

Auch gab er mir zu verstehen, dass die von mir als Energieschauer beschriebenen Vorgänge, die ich körperlich wahrzunehmen imstande bin und die bei mir starke Empfindungen und Gefühle auslösen, tatsächlich Botschaften aus der Engelwelt seien.

Weiters bekräftigte er die von mir lange Zeit in Zweifel gezogenen Inkarnationen als unumstößliche Tatsachen. Beim Wiedereintritt einer Seele in einen neuen Körper wandert anscheinend nur ein Teil von ihr mit dem Neugeborenen auf die Erde. Ein Teil, oftmals sogar der größere Seelenteil verbleibt im

„Jenseits". So vertrauensvoll ich diese Botschaft auch entgegennahm, da sie aus einer für mich absolut wahrhaftigen Quelle stammt, übersteigt der Inhalt meine verstandesmäßig leider allzu begrenzte Vorstellungskraft.

Immerhin zeigt diese Botschaft aber doch eine volle Übereinstimmung mit den Ausführungen des von mir vor vielen Monaten kontaktierten Mediums. Nach dessen Überzeugung könnten Teile der Seele nicht nur im „Jenseits" sondern gleichzeitig in anderen Menschen enthalten sein. Dadurch würde sich eine Seelenverwandtschaft ergeben, ohne dass diese Menschen einander in diesem Leben zwingend begegnen müssten. Würden sie aber einander durch besondere Umstände und Anleitungen von oben - also nicht „zufällig" - begegnen, würden sie die gemeinsame Seele zweifellos fühlen und einander erkennen.

# Verwandte Seelen

Mitte November verbrachte ich ein Wochenende in einem steirischen Thermenhotel. Den Aufenthalt hatte ich von Freunden wohl nicht ganz „zufällig" geschenkt erhalten. Für mich war es ein neuerlicher Anlauf, ein weiterer Versuch, aus meinem mit traurigen Erinnerungen erfüllten Zuhause auszubrechen, ein Versuch, in meinem neuen Lebensabschnitt Tritt zu fassen.

Gleich in den ersten Urlaubstagen schloss ich Bekanntschaft mit der jungen Hoteliersfamilie. Nach einem anfänglich etwas zögerlichen und rücksichtsvollen „Beschnuppern" gab die Dame des Hauses im weiteren Verlauf unserer Unterhaltung preis, dass sie persönlich schon Erfahrungen mit Engeln sammeln konnte. Auf nähere Einzelheiten wollte sie aber zunächst nicht eingehen, sodass dieses Thema nicht weiter besprochen wurde.

Während des Gesprächs beobachtete ich bei mir eigenartige energetische Empfindungen, die ich für mich behielt, da ich sie mir nicht erklären und keinen Zusammenhang mit dem Gesprächspartner herstellen konnte. Mir fiel lediglich auf, dass sich die leichten Energieströme immer dann verstärkten, wenn die Unterhaltung die kleine Tochter der Hoteliersfamilie, ein aufgewecktes liebes Kind im Volksschulalter, und ihre Verbindung zu Engeln streifte.

In der folgenden Nacht durfte ich wieder die Begegnung mit meiner Frau erleben. Im Zuge unseres Dialogs gab sie mir eine verblüffende Erklärung für die energetischen Empfindungen des abendlichen Gesprächs, die mir, so phantastisch abenteuerlich sie auch klingen mag, gar nicht mehr unglaubwürdig erscheint. Das Mädchen, so versicherte meine Frau, verfüge über einen Anteil der Seele meiner Frau selbst, sie sei ihr somit seelenverwandt. Ich war somit unbewusst in der Lage gewesen, durch die körperliche Anwesenheit des Mädchens in ihr die Seele meiner Frau zu fühlen.

Vor meiner Abreise freute ich mich daher sehr, nochmals mit Mutter und Tochter bei Tee und Kuchen gemütlich beisammen zu sitzen. Natürlich versuchte ich möglichst unauffällig im Kind Ähnlichkeiten zu finden, um vielleicht aus der Seelenverwandtschaft heraus Ähnlichkeiten mit meiner Frau zu erkennen, doch das Bemühen erwies sich als erfolglos. Das Mädchen plauderte frisch drauf los, erzählte von Engeln, Elfen und Geistern - damals zweifelte ich noch ein wenig am Wahrheitsgehalt ihrer Schilderungen - und lieferte dazu erstaunliche Details, die Kinder ihres Alters kaum berichten können, und zeigte stolz ein dickes Heftchen, in dem sie nach ihren Vorstellungen und „Erlebnissen" Engelfiguren gezeichnet hatte. Ich fand es bemerkenswert, dass sie dieser Thematik einen außerordentlich breiten Raum in ihrem Alltag einräumt.

Auf der Heimfahrt beschäftigten mich nicht nur die eben gewonnen Eindrücke sondern ich stellte mit Freude fest, dass mir diesmal, so wie schon oft, immer wieder Menschen begegnen, die mit Engeln entweder selbst Kontakt hatten oder zumindest mit diesem Thema mehr vertraut sind, als sie das ihrer Umgebung zu erkennen geben.

# Raphaels Hilfe

Eines Tages im November, es war bereits empfindlich kalt geworden, machten sich Anzeichen für eine starke Verkühlung bei mir bemerkbar. An sich nichts Ungewöhnliches, doch als meine ersten Versuche, sie gleich zu Beginn mit Medikamenten in den Griff zu bekommen, keine spürbare Wirkung zeigten, versuchte ich – und das empfand ich wie ein Experiment – mit Erzengel Raphael in Verbindung zu treten. Ich vermeine ihn als einen Helfer zu spüren, der bei körperlichen Themen anzusprechen ist. Dank meines zufriedenstellenden allgemeinen Gesundheitszustandes nehme ich seine Hilfe nur selten in Anspruch, nicht mit Absicht, sondern eher aus Nachlässigkeit oder Gedankenlosigkeit. Immer wenn ich mir dieses Umstandes bewusst werde, empfinde ich so etwas wie Reue oder ein wenig schlechtes Gewissen. Dennoch hat er sich nicht erst einmal als sicherer und zuverlässiger Helfer bei körperlichen Unpässlichkeiten bewiesen. Denn in solchen Situationen schießt mir regelmäßig der Gedanke an ihn durch den Kopf. Ich stelle ihn mir groß und mächtig, liebevoll, aber vor allem unerhört nachsichtig und mild vor. Sonst hätte er sich wohl längst dagegen verwehrt, fast übergangen und nur bei Bedarf zu Hilfe gerufen zu werden.

Dennoch, in der konkreten Situation, auf die ich zu sprechen komme, stand die sich anbahnende Grippe durchaus in Resonanz mit meiner seelischen Befindlichkeit. Mein Herz war gerade wieder voll Trauer, ich musste unentwegt an die letzte Lebensphase meiner Frau denken, an einen Leidensweg, auf dem gerade die allerletzte Hoffnung in Resignation gekippt war. Die große Bedeutung ihres Verlustes legte sich schwer auf mich und ließ die an sich beglückende Möglichkeit, mit ihr posthum verbunden zu sein, in den Hintergrund treten.

In dieser depressiven Grundstimmung empfing ich Raphaels Energieströme mit großer Deutlichkeit. Klar erkennbar teilte er mir mit, dass alle mich traurig machenden Erinnerungen, Situationen, sowie auch Erinnerungsstücke keine Lasten sondern Geschenke zur Erinnerung an schöne Zeiten und glückliche Lebensphasen angesehen werden sollten. Es fiel mir nicht leicht, diese Botschaft als Trost anzunehmen und aus meinem seelischen Tief wieder in den Alltag aufzutauchen. Immerhin haben mir Raphaels Trost und Energie auch in der Weise geholfen, dass die Verkühlung, die sich wie eine beginnende Grippe angefühlt hatte, über Nacht auch ohne Medikamente wieder abgeklungen war.

# Eine kleine Unbekannte

Von einer befreundeten Frau, die dank ihrer medialen Fähigkeiten die besondere Begabung des Channeling zu ihrem Beruf gemacht hat, um anderen Menschen bei der Bewältigung ihrer Probleme hilfreich zur Seite zu stehen, erhielt ich vor geraumer Zeit die Information, dass ich meine Fähigkeit, mit der Engelwelt in Kontakt treten zu können, auch anderen Menschen zur Verfügung stellen sollte. Allerdings konnte ich mir nicht vorstellen, wie das funktionieren würde, zumal ich mit meinem bescheidenen Sprachcode trotz meiner grundsätzlichen Bereitschaft für eine Mittlerrolle nur sehr beschränkte Einsatzmöglichkeiten sah.

Interessanterweise ließ ein erster „Einsatz" nicht lange auf sich warten und ergab sich für mich völlig überraschend. Während einer Autofahrt hatte ich die Radiosendung „Mittagsjournal" eingeschaltet, um Nachrichten zu hören. Ein bestimmter Bericht nahm plötzlich meine ganze Aufmerksamkeit in Anspruch. Ein Reporter interviewte Ärzte zu sehr ungewöhnlichen Vorfällen: In den letzten Wochen waren mehrere Kinder nach routinemäßig und erfolgreich verlaufenen Mandeloperationen offenbar zu früh aus dem Spital entlassen worden und daheim an plötzlich auftretenden Blutungen verstorben. Ich hörte beschönigende Erklärungsversuche der Mediziner und Stellungnahmen der verzweifelten Eltern. Im selben Moment, als ich die Stimme einer der betroffenen Mütter vernahm, durchfuhren mich plötzlich außerordentlich starke Energieschübe, die anscheinend kein Ende nehmen wollten. Schließlich begann ich sehr unsicher, da ich den Sinn dieser Empfindungen nicht erahnen konnte, zu hinterfragen, woher diese Energie wohl käme, doch konnte ich zunächst die Quelle weder im Bereich der Engel noch der Schutzheiligen finden. Die energetischen Wellen drangen weiter und weiter in mich ein, bis ich ratlos, aber einer inneren Eingebung folgend, auf den Gedanken kam, es könnte die Seele eines der unglücklich verstorbenen Kinder sein. Ab diesem Moment stürzte die Energie mit großer Kraft verstärkt auf mich ein. Was konnte das bedeuten? Wieder und wieder, ohne Unterlass spürte ich die Energiewellen, das ursprünglich gute Gefühl begann allmählich fast unangenehm zu werden. Da ich keine Ahnung hatte, wie ich mich dem Inhalt dieser Botschaft annähern könnte, schaltete ich meinen Verstand aus und ich überließ mich der Spontaneität. Und plötzlich stellte ich diesem bei mir anklopfenden „Wesen" die Frage: „Was willst du? Soll ich etwa mit deiner Familie, mit deiner Mutter Kontakt aufnehmen? Soll ich ihr ausrichten, dass es dir gut geht? Geht es dir gut?". Obwohl ich eigentlich keine Antwort erwartete, hatte ich offenbar ins Schwarze getroffen, denn lebhafte, zustimmende Energiewellen ergossen sich förmlich über mich, „Geht es dir wirklich gut, bist du wirklich glücklich?", fragte ich zweifelnd nach. „Willst du, dass deine Familie deshalb nicht mehr so traurig ist?" An dieser Stelle verspürte ich wieder starke Zustimmung. Nun stand für mich fest, dass ich versuchen musste, dieser Seele irgendwie zu helfen. Ich kannte keinen Namen, keine Adresse, keine Telefonnummer. „Es muss einen Weg geben", dachte ich und wie zur Bestärkung und zum Dank spürte ich ein letztes Mal eine lang anhaltende, energievolle Welle durch meinen Körper ziehen. Nun lag es an mir, eine Lösung zu suchen um mein Versprechen zu halten.

Ich fasste den Plan, die für die Sendung zuständige Radioredaktion herauszufinden und sie zu bitten, die Familie des Mädchens zu verständigen, dass ich ihr eine wichtige Mitteilung zu machen hätte. Worum es ging, wollte ich dem Redakteur lieber nicht sagen, denn ich befürchtete, womöglich abgewiesen zu werden. Meine Bitte wurde erstaunlicherweise ohne Umschweife akzeptiert und ich begann zu warten. Dabei entwickelte sich in mir ein flaues Gefühl, war ich doch unsicher, wie ich diese Botschaft überbringen sollte. Andererseits verspürte ich in den folgenden Tagen immer wieder die bestärkende Energie der Mädchenseele. Für mich hieß es Geduld üben und warten. Eine Woche verstrich und meine Hoffnung schwand allmählich. Doch plötzlich war es soweit. Die Mutter der Verstorbenen meldete sich am Telefon. Ich hatte mir mittlerweile ein Konzept zurechtgelegt, wie ich das Gespräch führen könnte. Doch in jenem Moment benötigte ich kein Konstrukt, denn alles war plötzlich klar und einfach.

Ich sprach mit der Mutter ganz spontan, gerade so, als würden mir die richtigen Worte eingegeben. Ich hörte mir selbst, wie von außen, dabei zu, und als ich fertig war, vernahm ich ihr leises Schluchzen. „Ich glaube ja an ein Weiterleben nach dem Tod, irgendwie fühle ich, dass mir mein Kind sehr nahe ist", brach sie hervor. In kurzen Worten schilderte ich ihr meinen Schicksalsweg und wie ich zu dem Kontakt mit ihr gefunden hatte. „Ich fühle Ihre Trauer und Verzweiflung über das unglückliche Geschehen und die Unabänderlichkeit. Bitte glauben Sie daran, dass Ihr Kind jetzt sehr glücklich ist und sich wünscht, dass Sie Ihre Traurigkeit überwinden. Ihr Kind hat mir zu verstehen gegeben, dass es tatsächlich immer in Ihrer Nähe bleiben wird! Darauf können Sie fest vertrauen." Ich weiß bis heute nicht, warum ich diese Behauptung so sicher aussprechen konnte.

Zu meiner Freude hatte ich die Botschaft vollständig und mit großer Wahrhaftigkeit übermitteln können. Die Mutter bedankte sich von ganzem Herzen dafür, ich konnte fühlen, dass ein bisschen Erleichterung und Hoffnung bei ihr Einkehr gehalten hatten und bot ihr an, wenn sie es wünschte, als Vermittler zwischen der Seele ihrer Tochter und ihr gerne zur Verfügung zu stehen. Diese Begebenheit war die erste, in der ich unbeabsichtigt die Rolle eines Vermittlers ausfüllte, obwohl ich zuvor nicht ahnen konnte, ob und wie es zu bewerkstelligen sei. Die Seele des kleinen Mädchens tauchte seither noch wiederholte Male auf, so, als ob sie mir ihren Dank aussprechen wollte, aber nicht mit einem neuen Wunsch oder einer weiteren Botschaft.

Rückblickend entsinne ich mich, dass während der Zeit, als ich noch auf eine Reaktion der Familie wartete, eines frühen Morgens die Seele meiner Frau mit mir Verbindung aufgenommen hatte. So, wie es schon zur lieben Gewohnheit geworden war, berichtete ich ihr von den aktuellen Geschehnissen in unserer Familie. Dabei wiederholte sich mein Eindruck, dass durch Worte ausgesprochene Gedanken leichter und besser von ihrer Seite zu empfangen seien, als bloß Gedachtes. Ich kann aber nicht ausschließen, dass der Effekt umgekehrt funktioniert, das heißt, dass ich, wenn ich meine Gedanken in Worte fasse, gezwungen bin, genauer und präziser zu denken und deshalb die Verbindung besser zustande kommt. Das verstorbene Mädchen betreffend, bestätigte mir die Seele meiner Frau ganz klar und deutlich, dass dieses von Engeln umgeben sei und sich in einem Glückszustand befände. Das, was ich immer wieder als Energieschauer oder energetische Wellen empfange und beschreibe, sei nur eine dem menschlichen Vorstellungsvermögen und Gefühlen angemessene Form, um die umfassende Gottesliebe wenigstens ansatzweise erfassen zu können.

Ich dankte meiner Frau für diese für mich so wichtigen Erklärungen. Dann bat ich sie um Unterstützung meines besonderen Wunsches, sie möge zusammen mit allen Engeln gleichzeitig ihre Energien auf mich richten, und mir dadurch den Inhalt der Botschaft meiner Frau nochmals bekräftigen. Ich kann nicht beschreiben, welch intensives Glücksgefühl mich in diesem Augenblick erfasste: Der stärkste und anhaltendste Energiestrom, den ich je erlebte, durchfuhr mich vom Kopf bis in die Zehenspitzen. Eine deutlichere Bestätigung konnte ich mir gar nicht vorstellen.

# Jenseits von Wunsch und Bitte

Den bevorstehenden Weihnachtsfeiertagen sah ich mit großer Bangheit und Niedergeschlagenheit entgegen. Am zweiten Weihnachtsfeiertag würde sich der Todestag meiner Frau zum ersten Mal jähren und alle schrecklichen Bilder ihrer letzten Leidenszeit liefen überdeutlich, wie in einem Film, vor mir ab. Mehr noch, ich lebte diesen Film nochmals in allen Einzelheiten durch. Oft war ich den Tränen nahe, oft kamen sie unaufhaltsam über mich.

Die Mutter meiner Frau hatte für den Todestag eine Messe in der örtlichen Pfarrkirche bestellt. Am selben Nachmittag wollte jener Geistliche, mit dem meine Frau in besonderer Freundschaft verbunden war, ebenfalls eine Messe für sie in der zweiten Kirche feiern.

In der vorangehenden Nacht bat ich die Seele meiner Frau zu erscheinen. Sie folgte meiner Bitte. Meine Kinder hatten mich bedrängt sie zu fragen, ob nicht auch sie eine ähnliche Verbindung, wie sie mir möglich war, zu ihrer Mutter bekommen könnten. Auf diese Frage bekam ich keine Antwort, doch erinnerte ich mich, dass sie zu einem früheren Zeitpunkt dieser Bitte schon einmal zugestimmt hatte. Daraufhin musste ich meine Töchter weiter vertrösten. Wohl aber gab mir meine Frau zu erkennen, dass sie mit dem Priester, der mit unserer Familie befreundet war, in einer engen seelischen Verbindung stünde.

Als ich nach der Messfeier den Geistlichen dazu befragte meinte er, es gäbe in seinem Leben drei wichtige Menschen, mit denen er ständig im Gebet verbunden sei. Einer davon sei meine Frau, die er in schwierigen Situationen gerne und oft um Rat und Hilfe frage. Mehr dazu konnte oder wollte er nicht sagen.

An jenem Gedächtnisgottesdienst nahm auch meine Schwester teil, die zu diesem Anlass aus ihrer Wahlheimat im Ausland angereist war. Ihre Aufgeschlossenheit für alles, was über die leicht fassbaren Erscheinungen des Alltags hinausgeht, war mir bekannt, doch hatten wir nie tiefer gehende Gespräche dazu geführt. Mir schien, dass sie trotz starkem Interesse an parapsychologischen Phänomenen nur an der Oberfläche geblieben war und in das Thema nie tiefer eingetaucht war, während ich mich selbst während meines bisherigen Lebens dafür immer zu kritisch, skeptisch, ungläubig, kurzum unbegabt und ungeeignet hielt. Zu meinem großen Erstaunen nahm sie mich nach der Messe beiseite und erzählte mir, sie hätte ganz deutlich das Gesicht meiner Frau, das sie sehr detailliert beschrieb, dem zelebrierenden Priester zugewandt, gesehen.

Als ich daraufhin ihre Ausführungen hinterfragte, erhielt ich von meiner Frau die Bestätigung unverzüglich in der Form eines kurzen Energiestromes. Wie schon einige Male zuvor, war es mir in dieser Situation wiederum möglich, Aussagen anderer Menschen über die geistige Welt bestätigt zu bekommen.

# Medjugorije

In der Nacht zum Dreikönigstag, wieder war ich, scheinbar ohne Grund sehr früh erwacht, ersuchte ich alle mir bekannten Engel und meinen Schutzheiligen zu erscheinen. Zu meiner großen Freude schienen sie geradezu darauf gewartet zu haben. Vollzählig, wie ich mich überzeugen konnte. Ich sprach jeden einzelnen beim Namen an, die Schutzengel als namenlose Gruppe, und erhielt energetisch von jedem einzelnen die Bestätigung seiner Anwesenheit. Dieser Umstand erfüllte mich mit einem besonderen, nicht zu beschreibenden Glücksgefühl. Zunächst dankte ich ihnen für ihr Kommen und bat für meine weitere Zukunft um ihre Hilfe und Unterstützung.

Dann erzählte ich ihnen von einer Kurzreise nach Medjugorije, von der eine meiner Töchter soeben zurückgekehrt war. Sie hatte an einer Gebetsveranstaltung teilgenommen, bei der auch zwei jener Personen anwesend waren, die als Kinder die Erscheinung der Mutter Gottes erlebt hatten. Die beiden, die seit ihrer Kindheit angeblich immer wieder Botschaften von Maria empfangen, hätten die Gottesmutter bei jener Veranstaltung wieder gesehen und gehört, bei der meine Tochter anwesend war.

Als ewig Zweifelnder bat ich meine Engel um Antwort, ob diese Erscheinungen Einbildungen, Irrtümer oder gar Schwindeleien sein könnten. Unverzüglich erhielt ich in Form einer mächtigen Energiewelle die Antwort, dass die Vorgänge in Medjugorije wahr und echt und damit nun auch über meine Zweifel erhaben sind.

# Im Friedhof San Carlos

Die kanarischen Inseln gelten als Orte ewigen Frühlings: Jahrein, jahraus warmes Klima, nicht zu heiß, dennoch mit einer subtropischen Vegetation. Eis und Schnee gibt es nur am Pic de Teide auf Teneriffa, einem Vulkan, dem höchsten Berg Spaniens, weit weg vom Festland. Unzählige Touristen aus ganz Europa bevölkern die Inseln, Hotel- und Appartementanlagen schießen aus dem Boden und schnüren die noch in Resten erhaltenen Altstadtkerne hermetisch ein. Trotzdem erlebenswert, trotzdem noch voll wilder, atlantischer Natur.

Um selbst der winterlichen Kälte daheim zu entgehen, entschloss ich mich zu einem Aufenthalt in Puerto Cruz. Am Tag nach der Ankunft begab ich mich auf Erkundung meiner nächsten Umgebung und fand nach einigem Suchen die Altstadt, den Hafen und das geschäftige Zentrum. Etwas abseits, fast versteckt neben einer Parkanlage, entdeckte ich den kleinen Friedhof San Carlos. Umgeben von einer ungewöhnlich hohen Mauer bot er vom Eingang aus einen freundlichen Blick auf die Kapelle, zu der ein blumengesäumter Weg führte. Um ein wenig Einkehr zu halten und mich umzusehen, betrat ich den Friedhof. Kaum hatte ich das Tor durchschritten, spürte ich eine unglaublich heftige energetische Kraft wie eine Welle auf mich zurollen. Sie erfasste mich, fuhr durch mich durch und ließ mich minutenlang nicht mehr los. Es war mir einfach unmöglich, meine innere Ruhe wieder zu gewinnen.

Während ich auf die Kapelle zuschritt, nahm die Energie allmählich ab, sodass ich nun wieder einigermaßen gelassen die gepflegten Gräber und Grüften betrachten konnte. Besonders auffallend war die große Zahl von Urnennischen, die an der Innenseite der Friedhofsmauern sowie in separat errichteten Mauern im Inneren des Friedhofes eingelassen waren. Doch je näher ich wieder dem Ausgang kam, umso stärker begann die anfänglich beschriebene Energie neuerlich zu wirken. Auf- und abschwellend durchfuhr sie immer wieder meinen Körper, ohne dass ich imstande war, den Vorgang zu kontrollieren oder zu verstehen. Im Gegensatz zu den mir fast schon vertrauten Engelenergien erschien mir dieses Phänomen gänzlich fremd, sogar etwas unheimlich und hartnäckig. Selbst dann noch, als ich später in meiner Unterkunft eintraf, konnte ich die Energien weiterfühlen. Es gelang mir nicht gleich, die Ursachen für diese unliebsame Erscheinung zu ergründen, bis ich mich schließlich mit der Bitte um Hilfe an meine Engel wandte. Nun konnte ich durch mühsames Hinterfragen herausfinden, dass ich die Seelen von verstorbenen Menschen gefühlt hatte, die auf ihrem Weg nach oben noch auf der Suche waren. Als ich meine Engel bat, diese Seelen auf ihren Weg zu führen, schwächten sich binnen weniger Minuten die von mir als unangenehm empfundenen Energien ab, um schließlich gänzlich zu versiegen.

Wenn es tatsächlich meine Aufgabe sein sollte, mich als Vermittler zur Verfügung zu stellen, um anderen hilfreich zu sein, so kann ich die geschilderte Begebenheit und das Ergebnis durchaus in diesem Sinn und Zusammenhang mit meinem Auftrag deuten.

# Der zweite Besuch

Wieder einmal geschah es in den frühen Morgenstunden und im Dunkel der herrschenden Nacht. Traumlos, wie es mir schien, erwachte ich plötzlich und spürte einen sanften Druck, als ob mich jemand an den Fingern meiner linken Hand ziehen wollte. Noch während sich dieses Gefühl verstärkte und weiter anhielt, erkannte ich sofort, dass meine Frau erschienen war. Zu meinem großen Erstaunen konnte ich sie trotz Dunkelheit und trotz meiner geschlossenen Augen nicht nur deutlich fühlen, sondern „sehen". Sie strahlte scheinbar voll Freude über das ganze Gesicht. Ihre Augen leuchteten und spiegelten das große Glücksgefühl wieder, das sie zur Gänze zu erfüllen schien. Zwar sprach sie in dieser Situation kein Wort, doch nickte sie freundlich zu, als sie merkte, wie glücklich ich über ihr Kommen war, und ließ sich langsam an meiner Seite, Körper an Körper, niedersinken. Mich durchströmte ein überaus angenehmes Gefühl und die überwältigenden Eindrücke hinderten mich daran, all die Fragen an sie zu richten, die mir später, als die Erscheinung längst vorbei war, durch den Kopf schossen. Sie bestätigte mir, von einem andauernden Glücksgefühl erfüllt zu sein, ein Glück, das aus reiner Gottesliebe zu entspringen scheint, sie versicherte mir, nicht wieder auf Erden erscheinen zu müssen und sie bestätigte mir ihre immerwährende Zuneigung. Als sie entschwand, konnte ich nicht umhin, ihr für ihr Kommen zu danken. Gegen meinen Willen liefen mir noch lange danach die Tränen über die Wangen. Nach geraumer Zeit stand ich auf und begab mich ins Badezimmer, wo ich noch immer ihre starke Energie nachspüren konnte. Während ich der eben vergangenen Situation noch nachhing, konnte ich im Kopf und Rückenbereich die Energien aller Engel deutlich fühlen, die, ohne dass ich sie ausdrücklich herbeigewünscht hatte, wie selbstverständlich gekommen waren. Die Erscheinung meiner Frau, ihr strahlendes, glückliches Gesicht erlebte ich wie einen transparenten Teil ihres leiblichen Körpers, ein schablonenartiges Abbild in schwebendem Zustand. Freunde, denen ich mein Erlebnis berichtete, meinten, ich hätte wahrscheinlich ihren Astralkörper gesehen. Jedenfalls war es für mich die wundervollste, intensivste und beglückendste Begegnung, die mir meine Frau ermöglichte.

# Wer ist Boris?

Es war an einem der ersten frühlingshaft warmen Apriltage und ich beschäftigte mich gerade damit, im Garten die letzten Spuren des Winters zu beseitigen, als mich ein Anruf überraschte. Am Telefon meldete sich eine Frau mit der Frage, ob ich mich noch an sie erinnern könne. Ich konnte nicht und bat sie, mir auf die Sprünge zu helfen. Der zweite Satz machte alles klar: „Wir haben miteinander telefoniert, als meine Tochter starb." Jetzt ging mir ein Licht auf, die ganze Geschichte trat mir so in allen Einzelheiten vor Augen, als wäre es erst gestern gewesen. Es war die Mutter der „kleinen Unbekannten".

„Na klar", rief ich „wie geht es Ihnen?" „Sie haben mir damals gesagt, ich kann sie wieder anrufen, wenn ich etwas brauche", erwiderte sie. Auch daran erinnerte ich mich genau. Und nun schilderte sie mir ihre ungewöhnliche Situation ausführlich. Nach dem traurigen Ende ihrer kleinen Tochter hatte sie vor kurzem einen Sohn geboren. „Es ist wirklich komisch, aber Boris sieht ganz genau so aus wie meine Jaqueline. Und da ist noch etwas, ich habe ständig das Gefühl, als ob ich ihn schon lange kenne."

Ich hatte mich hingesetzt, um das Gespräch in Ruhe führen zu können, und die Augen geschlossen, einfach nur, um mich leichter konzentrieren zu können. Da passierte etwas Seltsames. Vor meinen geschlossenen Augen bildete sich eine Art Wolke in einem wunderschönen, tiefen Blau, die binnen weniger Sekunden mein ganzes „Gesichtsfeld" ausfüllte. Diese Erscheinung erfüllte mich mit einem wunderbaren, beglückenden Gefühl, das mich so sehr in Anspruch nahm, dass ich nicht wahrnehmen konnte, ob sie nur sekundenlang oder einige Minuten anhielt. Gleichzeitig erfasste mich ein energetischer Schauer und lief, immer wiederkehrend, durch meinen ganzen Körper. Ich erkannte das Gefühl wieder. Die Seele von Jaqueline war wieder ganz in meiner Nähe. Sofort hinterfragte ich dieses Empfinden und erhielt durch zwei rasch aufeinander folgende Kälteschauer die Bestätigung meiner Annahme. In diesem Moment unterbrach ich meine Gesprächspartnerin und konnte nicht anders, als ihr meine Empfindungen mitzuteilen. Gleichzeitig empfing ich eine Eingebung, die mich auf eine Inkarnation hinwies, ohne dass ich mir in diesem Augenblick über die Zusammenhänge klar werden konnte. „Ich spüre die Seele ihrer Tochter bei mir, sehr stark, die Energie kommt wieder und wieder!" Frau H. schien in dieselbe Richtung gedacht oder empfunden zu haben, denn sie fragte: „Kann das sein, dass ihre Seele in meinem Sohn ist?"

Ich versuchte ihr zu erklären, dass ich das wohl für möglich hielte, aber mich zu unsicher fühlte, um eine definitive Aussage zu machen. Ich bat sie daher um etwas Geduld, um über dieses für mich neue, erstmalige Erlebnis mit anderen medialen Menschen Rücksprache zu halten. Ich versprach Frau H., sie so bald wie möglich zurückzurufen.

Wieder allein und auf mich konzentriert, spürte ich weitere energetische Wellen durch mich durchlaufen, kräftig und hartnäckig, wie damals vor mehr als einem Jahr. Also beschloss ich, mich mit anderen medialen Personen zu beraten. Diese kamen völlig unabhängig voneinander zu ein und demselben Ergebnis. Sie bestätigten meine spontane Annahme. Die Seele der kleinen Jaqueline war in ihr neugeborenes Brüderchen inkarniert! Ich war überrascht und sehr bewegt. Also rief ich die Mutter an und versuchte ihr zu erklären, was da passiert war. Sie schien sehr gerührt, aber trotzdem gefasst zu reagieren, als sie diese unglaubliche Botschaft aufnahm. „Jetzt muss ich Ihnen noch eines sagen", meinte sie zum Schluss: „Mein Sohn wurde exakt am ersten Sterbetag meiner Tochter geboren!". Noch lange danach verspürte ich eine starke Energie in mir nachschwingen.

# Maria Magdalena und das Thomasevangelium

Es ist noch nicht lange her, dass die Massenmedien über den sensationellen Fund einer alten Schrift berichteten, die als „Thomasevangelium" sofort in aller Munde war. Ein Bericht, der in wesentlichen Teilen gänzlich von den Darstellungen der bekannten Evangelien abwich und zur Lehre der katholischen Kirche in krassem Widerspruch trat. Auffallend rasch wurde die Schrift in den Bereich der Irrtümer und Fälschungen gerückt und alsbald breitete sich darüber der Mantel des Schweigens und Vergessens.

In dieser Zeit richtete eine medial begabte Freundin unvermittelt die Bitte an mich, nachzuprüfen, ob ich und, wenn ja, welche Beziehung ich zwischen ihr und Maria Magdalena feststellen könnte. Sie zeigte sich bewegt, weil sie einem möglichen Naheverhältnis aus früheren Inkarnationen nicht auf den Grund kommen konnte. In meiner recht mühsamen und zeitaufwändigen, weil umständlichen Art, versuchte ich, mich dem Thema anzunähern.

Mein Nachfragen brachte trotzdem einige ganz erstaunliche Resultate, die zu meiner Überraschung auch mich selbst betrafen. Danach hätte ich zusammen mit dieser Freundin und anderen Freunden zur Zeit Christi gelebt und sei nach seinem „Ende", worauf ich anschließend noch zu sprechen kommen werde, in einer Gruppe gemeinsam mit Maria Magdalena aus dem Heiligen Land nach Frankreich gezogen. Zwischen ihr und einigen wichtigen Aposteln sei es zu Meinungsverschiedenheiten über die Nachfolge Jesu bei der Verbreitung der christlichen Botschaft gekommen, die zu ihrer raschen, geradezu fluchtartigen Abreise geführt hätten. In meiner so abenteuerlich klingenden Geschichte sei diese Freundin eine Begleiterin von Maria Magdalena und ich eine Art Beschützer und Begleiter der Reisegruppe gewesen. Da ich aber meinen eigenen Eingebungen misstraute, kostete es mich zunächst eine beträchtliche Überwindung, die Freundin über meine Ergebnisse zu informieren.

Umso mehr war ich dann überrascht, als sie mir mit bewegten Worten dankte und ihrerseits berichtete, dass sie unabhängig von mir zu denselben Ergebnissen durch die von ihr empfangene Information gekommen war.

Ich wage es bis heute eigentlich nicht, das Gesagte ausführlicher zu interpretieren und möchte mich bloß auf die Beschreibung meiner so genannten „Fakten" beschränken. Lieber überlasse ich es den LeserInnen, daraus ihre Schlüsse zu ziehen. Immerhin halte ich seither diese Eingebungen als Hinweise auf mögliche Inkarnationen nicht mehr für ausgeschlossen.

Noch einmal zurück zum vorhin erwähnten Thomasevangelium. Meine Verbindungsmöglichkeiten zur Engelwelt, aber auch meine anerzogene Skepsis gegenüber allem Übernatürlichen sowie meine Neugier ließen mich solange nicht in Ruhe, bis ich mich entschloss nachzufragen. Die Ergebnisse brachten mein Bild über all das bisher Gehörte, Gelernte und Gelesene gehörig ins Wanken. Lange Zeit habe ich daher auch gezögert, aufzuzeichnen, was ich dabei erfuhr: Christus sei nicht am Kreuz gestorben, sondern schwer verletzt in Sicherheit gebracht worden. Er habe sich in den asiatischen Raum zurückgezogen und dort als weiser Lehrer lange weiter gewirkt, wo er schließlich begraben wurde. Seine Seele aber sei sofort aufgestiegen und habe sich mit der alles umfassenden göttlichen Liebe vereint.

Auch in diesem Fall möchte ich die mir zugekommene Geschichte nicht kommentieren. Sie erscheint so ungewöhnlich und im Sinne des Wortes unglaublich, dass ich darauf hoffe, vielleicht zu einem späteren Zeitpunkt Klärendes dazu zu erfahren. Ich kann nur versichern, diese Informationen als Antworten auf meine Fragen erhalten zu haben. Es ist und war nie meine Absicht, an irgendwelchen überlieferten Lehren und Glaubenssätzen zu rütteln oder gar religiöse Gefühle zu verletzen.

# Meine Begegnung mit KRYON

Barbara aus Hamburg ist ein international angesehenes Channel-Medium. Ihr treuer Freund und ständiger Begleiter ist ein hohes Engelwesen. KRYON „vom Magnetischen Dienst", wie er sich selbst bezeichnet, hat das Magnetgitter unseres Planeten (zusammen mit einer Gruppe von Engeln) neu ausgerichtet und auf die Anhebung der Schwingungsfrequenzen, auf den so genannten „Transformationsprozess" vorbereitet. Seine Botschaften vermittelt Barbara in Vorträgen, Seminaren und Büchern.

An einem sonnigen Wochenende im April kam Barbara nach Wien, um KRYON zu channeln. Etwa 150 Teilnehmer fanden sich zu dieser besonderen Begegnung ein und wurden nicht enttäuscht. Die Botschaften aus der Engelwelt übertrafen alle Erwartungen. Barbara und ihr „Partner" kamen schnell zur Sache. Kaum hatte sie auf dem Podium Platz genommen, sich entspannt zurückgelehnt und die Augen geschlossen, ging es los. Sie lieh ihm ihre Stimme, er sprach durch sie. In zügigem Tempo, ohne den Redefluss zu unterbrechen, strömten die Informationen und versetzten das Auditorium in gespannte Aufmerksamkeit.

Auch ich war dabei, sehr neugierig auf das, was kommen sollte. „KRYON ist unter uns", sagte Barbara und tatsächlich durfte ich sofort seine Energie erspüren, sie strömte durch meinen ganzen Körper. „Eure Verbindung nach oben wird jetzt hergestellt!". Allmählich wurde die Atmosphäre im Saal immer dichter, wie in einer imaginären Druckkammer. Mein Kopf reagierte auf die steigende Energie, sie fühlte sich beklemmend an, doch die befürchteten Kopfschmerzen blieben aus. Als sich schließlich KRYON verabschiedete, zog seine Energie nochmals durch meinen Körper. Am Abend war ich ziemlich erschöpft, als hätte ich den ganzen Tag körperlich gearbeitet.

Der zweite Tag begann genau wie der erste. Als KRYON grüßte, spürte ich, wieder seine Energie. Dann begann Barbara die „Mutter Gaia" zu channeln.

Dabei war ich anfangs ziemlich skeptisch. Unser Planet ein göttliches Wesen, vergleichbar mit Engeln, mit Meistern? Doch ehe mein Verstand und meine Vorbehalte Oberhand gewannen, erlebte ich mit geschlossenen Augen ein phantastisches Farbspiel: Goldgelbe Wolken wanderten kreisend über einen rosaroten Hintergrund, der sich allmählich in dunkles Violett verwandelte. Davor schwebten die goldenen Wolken, etwa fünf Minuten lang, vielleicht auch noch länger. Wunderbare Farben als Ausdruck engelhafter Energien. Dann sprach KRYON über die Wale und Delphine, dem Menschen nahe Tierwesen in den Fluten von Gaia.

Ich konnte es fast nicht glauben: Sehr starke Energien durchströmten mich wieder, machten mir meine Verbindungen zu diesen Tieren deutlich, wiesen mich intensiv auf meine gefühlsstarke Bindung zum Element Wasser hin, die ich eigentlich mein ganzes Leben lang schon immer gespürt habe. „Du bist wie ein Wasserhund", haben mich meine Freunde öfters spöttisch genannt, wenn ich trotz unfreundlichem Wetter, trotz kalter Temperaturen immer wieder gerne in das nasse Element eintauchte, während die anderen schon beim bloßen Zuschauen fröstelten. Welche Beziehungen mag es zwischen Menschen und Meeressäugern in spiritueller Hinsicht wohl geben? Mich hat diese energetische Verbindung verblüfft und gleichzeitig begeistert. Als sich KRYON schließlich verabschiedete, konnte ich ihn wieder fühlen. An diesem Abend kannte ich keine Müdigkeit mehr, nur eine freudvolle Grundstimmung erfüllte mich.

# Wie eine Kriminalgeschichte

Vielleicht erscheint die Überschrift zu dem folgenden Kapitel manchem Leser ein wenig übertrieben. Für mich ist es der am ehesten zutreffende Titel zu folgender Begebenheit.

Eines Tages hatte ich nach der vorabendlichen Nachrichtensendung im Fernsehen unschlüssig von Sender zu Sender geschaltet und war schließlich bei 3Sat hängen geblieben. Ein älterer Mann, offensichtlich ein Schweizer, berichtete über eine tragische Begebenheit aus seinem Leben. Über die Familie, ein Elternpaar mit zwei Töchtern, war gewissermaßen über Nacht ein Unglück hereingebrochen: Das ältere der beiden Mädchen, unmittelbar vor der Matura, war zu einem abendlichen Treffen mit Freunden und Schulkollegen aufgebrochen und nicht mehr zurückgekommen. Die Familie bangte, wartete, rief schließlich die Behörden zu Hilfe und machte sich selbst auf die Suche. Die Tochter blieb bis heute, viele Jahre hindurch spurlos verschwunden. An dieser Tragödie zerbrach das bis dahin scheinbar harmonische Zusammenleben. An ihrem seelischen Leid erkrankte die Mutter, es folgte die Trennung des Elternpaares und einige Jahre später verstarb die Frau.

Soweit die Geschichte. So ergreifend und erschütternd die Umstände und Folgen dieses Geschehens auch sein mögen, so sehr mich die Vorstellung des Leidens dieser Menschen auch bewegte, empfand ich die Reportage nicht mehr oder weniger tragisch als andere Schreckensmeldungen, die Tag für Tag von den Medien verbreitet werden. Mit einer gewissen Genugtuung erfüllte mich dann der Bericht eines Staatsanwaltes, dass ein mehrfach überführter Übeltäter in der Schweiz den Mord an dem Mädchen gestanden hätte und dafür eine lebenslange Haftstrafe ausgefasst hätte.

Nun aber komme ich zu dem Punkt, der die Schilderung dieses Kriminalfalles für mich wichtig und bemerkenswert machte: Der Schweizer, der recht eindringlich, anschaulich, sowie mit großer Offenheit über das Scheitern seiner

Familie und das Ende seiner Frau berichtete, erwähnte fast beiläufig den Text auf dem Grabstein. Darin hatte er seiner Hoffnung Ausdruck verliehen, dass nun wenigstens die Seelen seiner Gattin und seines vermissten Kindes wieder vereint sein mögen.

In dem Moment, als diese Worte fielen, jagte mir eine unglaublich starke Energiewelle durch den ganzen Körper. Es war genau jene Art von Energie, die ich nach all meinen Erfahrungen als göttliche Liebe erkennen kann. Sie schwoll zwei Male an und wieder ab, um danach sanft auszuklingen. Und es war mir, als bekäme ich im Moment das Zeichen einer eindeutige Bestätigung für das, was der mir unbekannte Mann nur als vage Hoffnung zum Ausdruck gebracht hatte, das in seinem Bericht nur wie ein Schlusswort klang.

Und während ich diese Zeilen aus meiner Erinnerung niederschreibe, empfange ich abermals die energetischen Wellen in meinem Körper, um mir nochmals die Richtigkeit meiner Annahme und Erkenntnis zu bestätigen.

# Der Goldene Strahl und das Höhere Selbst

Bei einem Seminar für die „Lichtpunkt-Gruppe" in Wien ging es um den Transformationsprozess für die TeilnehmerInnen und ihre Einstimmung auf die höher schwingenden Energien. Geleitet wurde das Seminar von einer medial begabten und spirituellen, mit der Engelwelt eng verbundenen Frau, die uns behutsam und mit großem Einfühlungsvermögen führte.

Ich selbst erlebte im Laufe dieses Zusammenseins zwei sensationelle Highlights: Während einer Meditation, in der andere TeilnehmerInnen konkrete Bilder und Szenen durchlebten, erschienen mir hinter meinen geschlossenen Augen zwei wolkenähnlich, nebelartig wallende Farben. Zuerst ein zartes Gelb, das mein ganzes Gesichtsfeld bedeckte, bis sich ein violetter Nebelschleier hinein wob, das Gelb zurückdrängte. Schließlich bewegten sich beide Farben leicht auf und ab und gingen ohne feste Abgrenzung ineinander über. Zum Schluss füllten sie mein Gesichtsfeld etwa zu gleichen Anteilen aus. Diese Farbempfindung hielt etwa eine Minute an und löste sich auf, als die Meditation zu Ende ging.

Während des Vorgangs verspürte ich einen leichten, aber zunehmenden Druck auf meinem Scheitel, der sich gleichmäßig über die obere Kopfhälfte ausbreitete und im Bereich der Augen und der Schläfen nach unten zog. Es war, als würde man mir eine übergroße Hand auflegen und ein energetischer Schauer rieselte über meinen Rücken. Auch dieses Gefühl endete zugleich mit dem Ende der Meditation. Die Seminarleiterin bot mir dazu die Erklärung: Sie interpretierte mein Erlebnis als eine Art Segnung, die mir durch den Erzengel Jophiel zuteil geworden wäre. Von eben diesem Jophiel, der mir vor einiger Zeit eröffnet hatte, dass er „mein" Engel sei.

Im Laufe des folgenden Tages wurde im Seminar das Phänomen des „Goldenen Strahls" besprochen. Es geht dabei, einfach gesagt, um das Hereinholen einer gebündelten Energie durch das Scheitel-Chakra. Diesen Strahl imaginieren die meisten Menschen in goldener Farbe. Seine Energie kann durch das Herz-Chakra ganz gezielt auf andere Personen gelenkt werden, um ihnen, aus welchen wichtigen Gründen auch immer, Energie zuzuführen und um sie energetisch zu stärken.Meiner wohl skeptischen Grundeinstellung zu solchen „Experimenten" muss ich zuschreiben, dass ich beim ersten Mal, als wir einer Teilnehmerin aus der Gruppe den Goldenen Strahl zusenden wollten, gegenüber dem Vorgang leichtes Misstrauen empfand. Umso mehr überraschte es mich, dass diese Frau emotional stark darauf reagierte. Sie brach in Tränen aus, wirkte aber danach sehr befreit, lächelte wieder und dankte für die übermittelte Energie. Da fragte mich nun die Seminarleiterin, ob auch ich bereit wäre, den Goldenen Strahl zu empfangen. Sie kannte meine persönliche Geschichte und die Versuche, meinem Leben eine neue Wendung zu geben und einen Neubeginn zu setzen. Nach kurzem Zögern setzte ich mich der Gruppe gegenüber und versuchte, da ich nicht wusste, ob und was geschehen würde, einfach nur offen zu sein für das, was kommen sollte.

Während die Teilnehmer der Gruppe nun ihre „Goldenen Strahlen" auf mich richteten, hielt ich die Augen geschlossen und fühlte in mich hinein: Zunächst geschah gar nichts und in mir keimte der Verdacht, ich wäre vielleicht zu sehr im Verstand oder überhaupt dafür ungeeignet. Doch plötzlich schlug das Herz spürbar heftiger und der Pulsschlag pochte in den Ohren wie nach einer körperlichen Anstrengung, obwohl ich doch bequem und regungslos auf meinem Stuhl saß. Dann stieg ein drückendes Gefühl in meinen Kopf, das deutlich an Stärke zunahm, ohne aber schmerzhaft zu werden. Ich schien immer mehr unter Spannung zu geraten.

Plötzlich konnte ich spüren, dass der energetische Schauer, wie ich ihn schon aus vielen Begegnungen mit der geistigen Welt gewohnt war, zu fließen begann und starke Wellen der Energie vom Kopf abwärts durch meinen Körper strömten. Trotz dieses wonnigen Schauers vergaß ich nicht, den unbekannten Absender zu fragen, woher die Energie kam. Meine spontanen Eingebungen kamen mir offenbar zu Hilfe, denn sehr schnell erfuhr ich, dass diese Energien von meinem Schutzpatron Antiocio und vom aufgestiegenen Meister Saint Germain stammten. Zuletzt konnte ich sogar die Bestätigung verspüren, dass auch Energie von Jesus in mich strömte. So wunderbar diese Empfindung war und ich mir ein Fortdauern dieses Zustandes gewünscht hätte, verblasste die Energie, als die Seminargruppe aufhörte, mir den „Goldenen Strahl" zu senden. Ich spürte, dass meine Augen unter den geschlossenen Lidern sehr feucht geworden waren. Nicht ohne Rührung und überrascht von der Wirkung dankte ich meinen Freunden für ihre besondere Zuwendung.

„Du solltest dich jetzt sehen", rief mir eine Seminarteilnehmerin zu. „Über deinem Kopf liegt ein heller Schein, kann das jemand fotografieren?". Noch ehe ich mich gefasst hatte, war ein Fotoapparat bereit und ich konnte mich staunend von einer Corona über meinem Scheitel-Chakra selbst überzeugen. „Wie ein Heiligenschein", meinte jemand in der Runde. Meine Skepsis war wieder einmal von der erlebten Spiritualität in die Schranken gewiesen worden.

In einem vorangegangenen Kapitel habe ich bereits ausgeführt, dass unsere Seelen nur zu einem kleinen Teil in uns wohnen, während der größere Teil im Jenseits, fallweise sogar auch in anderen Personen, die gegenwärtig leben, eingebunden ist. Dieser größere und wichtigste Seelenanteil wird als „Höheres Selbst" bezeichnet. Vor und während des Seminars fiel es mir nicht leicht, diese Modellvorstellungen der Seele anzunehmen. Immer wieder gewann meine Skepsis Oberhand und mein Verstand wehrte sich gegen die für mich ungewohnte Darstellung.

Als ich jedoch abends vor dem Einschlafen die Ereignisse und Inhalte des Seminars in meinen Gedanken Revue passieren ließ, reizte mich die Vorstellung, dass die Seele tatsächlich so sein könnte wie oben beschrieben. Ich entspannte mich in der Stille und Dunkelheit, die mich umgab, versuchte meine Gedanken auszuschalten und nur noch zu fühlen. Noch während ich einschlief, fühlte ich Energie strömen. Als ich das bemerkte, zwang ich mich dazu, wieder wach zu werden. Ich konnte eigenartigerweise die Energie zunächst niemandem zuordnen. Eine leichte Spannung, ein sanfter Druck legten sich über meinen Kopf und die Energiewellen rieselten abwärts über Brust und Rücken. Wie gewohnt begann ich nochmals zu hinterfragen, ob die Energie von meiner Frau, einem Schutzpatron, von Engeln oder Meistern ausgesandt wurde. Alles Fehlanzeigen, ich spürte nur Ablehnung und ein deutliches NEIN. Schon leicht entmutigt versuchte ich mich nochmals auf die anhaltenden Energieströme zu konzentrieren.

Gleichzeitig wandte ich mich an „meinen" Erzengel Jophiel mit der Bitte um Unterstützung. Ab diesem Moment verstärkten sich die Strömungen ganz deutlich und zogen sowohl in Richtung Kopf als auch gleichzeitig bis zu den Fußspitzen hinunter. Ich nahm ein bis dahin völlig neues Gefühl wahr. Meine Haut, meine Muskeln und inneren Organe schienen zu einer flirrenden, porösen, scheinbar weichen und homogenen Masse aus Energie zu bestehen, während meine Knochen und Gelenke, speziell im Bereich der Beine, fest blieben. Es war mir, als setzte sich mein physischer Körper nur noch aus zwei verschiedenen Arten von Energieschwingungen zusammen. Im Bereich meiner oberen Kopfhälfte verstärkte sich allmählich ein Druck, der sich über Augen und Ohren ausbreitete. Ich empfand während dieser Vorgänge keine Angst, doch die Aufregung vertrieb mir jeden Rest von Müdigkeit. Ich wälzte mich eine Zeit lang von einer Seite auf die andere, bis ich mich erhob und im Nebenzimmer aufs Sofa setzte. Dort verbrachte ich einige Minuten, um meine Gefühle und Gedanken in Ordnung zu bringen.

Zu guter Letzt versuchte ich mich zu entspannen und mich auf die ungewöhnliche Energie zu konzentrieren. Plötzlich erkannte ich, klar wie durch eine Eingebung, dass es mir offensichtlich gelungen war, mich mit meinem Höheren Selbst zu verbinden. Staunend fragte ich, ob diese Annahme wirklich richtig sei, und sofort erhielt ich die Bestätigung in Form zweier kurzer aufeinander folgender Energiewellen.

Dann hob ich beide Hände über den Kopf, ich weiß eigentlich nicht, warum ich das tat, spreizte meine Finger und konnte ein neues Phänomen erleben. Ich hatte die Fingerspitzen beider Hände aufeinander gerichtet, ohne dass sie sich berührten. Trotz der Dunkelheit nahm ich plötzlich schattenartige Verlängerungen der Finger wahr, während ihre Konturen sich millimeterdick sehr hell gegen den Hintergrund abzeichneten. Indem ich nun beide Hände langsam auf meinen Kopf zubewegte, spürte ich, dass sich Energie wie ein leichter Luftzug über mich ausbreitete. Um mich nicht zu täuschen wiederholte ich diesen

Vorgang mehrmals und empfand jedes Mal, wie sich die Energie über mich ergoss. Als diese Empfindungen allmählich schwächer wurden, begab ich mich wieder zu Bett und schlief einfach ein, als wäre nichts gewesen.

Tags darauf versuchte ich neugierig, das nächtliche „Experiment" zu wiederholen, blieb dabei aber erfolglos. Doch gelang es und gelingt es mir seither schon einige Male, die Verbindung mit meinem Höheren Selbst herzustellen. Jedes Mal empfinde ich dabei ein Glücksgefühl, doch kann ich bis heute keine konkreten Folgen und Möglichkeiten für mich ableiten.

# San George auf Korfu

Es vergingen einige Monate. Seit längerem vermisste ich nun schon die besonderen Erlebnisse, die meinen neuen Lebensabschnitt so nachhaltig prägten. Ich war irgendwie süchtig auf energetische Begegnungen geworden, begierig, die bereits entstandenen Kontakte mit der geistigen Welt zu erweitern und zu vertiefen. Ich verspürte eine wachsende Ungeduld in mir, obwohl mir mein Gefühl und die schon gewonnenen Erfahrungen signalisierten, gerade dabei besonders Geduld zu üben. Obwohl ich schon mehrmals die Zusicherung erhalten hatte, dass die Verbindungen mit Drüben bestehen bleiben würden, konnte ich mich jedoch gegen die Unsicherheit nicht wehren, die mich in wachsendem Ausmaß beschlich, je länger ich auf den nächsten Kontakt warten musste.

Die nähere Umgebung, in der ich mich auf der grünen Insel Korfu aufhielt, war traumhaft schön. Ein komfortabler Club mit Pool in einer gepflegten Gartenlandschaft, ein herrlich weiter Sandstrand mit warmem, klarem Wasser, eine liebevolle Begleitung und eine ausgesucht freundliche Betreuung durch das Personal. Dennoch schätzte ich offenbar alle Annehmlichkeiten geringer als den ersehnten Kontakt mit der anderen Ebene.

Eines Tages war es plötzlich soweit. Ohne jede Möglichkeit, mich darauf vorzubereiten und ohne jedes Vorzeichen. Und wieder kam der Kontakt mitten in der Nacht zustande. Ich war kurz aufgestanden, um das Fenster weiter zu öffnen und ein wenig mehr von der wohltuend kühlen Nachtluft ins Zimmer herein zu lassen, da spürte ich eine starke Energie auf mich einströmen. Sie kam nicht von draußen, sondern von oben und rieselte vom Kopf abwärts über meinen Körper. Im selben Augenblick erfüllte mich große Freude, denn ich hatte doch schon lange dieses Gefühl herbeigesehnt. Die Freude vermischte sich aber sogleich mit meiner Besorgnis, dass die Energie vielleicht schon bald wieder versiegen könnte.

Ich legte mich rasch auf mein Bett und versuchte am Rücken liegend mich weit zu öffnen, so gut ich es eben vermochte, um die geliebte Energie zu genießen. Sie wurde stärker und zog langsam, wellenförmig durch meinen ganzen Körper. Sie reichte schließlich vom Scheitel bis in die Zehenspitzen.

Beglückt dankte ich für die Energie und begann nachzufragen, wer die Quelle dieser Energie, der nächtliche Besucher sei. Meine Frau war es nicht, mein „Schutzpatron" Antiocio auch nicht, nicht die Schutzengel, auch nicht Erzengel Jophiel, ebenso nicht die anderen Engel und Schutzengel, die ich namentlich nannte. Zuletzt, und ich gestehe, dass mich bei der Vorahnung bereits Ehrfurcht ergriff, fragte ich nach Jesus: Wie groß und bewegt war ich, als die deutliche und unzweifelhafte Bestätigung in Form einer zweifachen Energiewelle durch mich strömte. Überwältigt schloss ich die Augen, um mich gänzlich auf dieses Gefühl einlassen zu können. Da geschah etwas Eigenartiges.

Mit geschlossenen Augen in der absoluten Finsternis daliegend verspürte ich im oberen Bereich meines Gesichtsfeldes, dort wo ich das sogenannte dritte Auge schon einige Male bemerkt zu haben glaubte, zwei Lichtblitze, die nur von einer Sekundenbruchteil kurzen Pause unterbrochen waren. Eigentlich waren es nicht Blitze, wie sie in Zacken über den Gewitterhimmel jagen, sondern eher wie Wetterleuchten, scheinbar weit entfernt und ohne Donnergrollen. Diese Lichterscheinungen konnte ich trotz der Kürze deutlich wahrnehmen. Ich wartete weiter mit fest geschlossenen Augen, doch die Erscheinung wiederholte sich nicht. Wohl aber verspürte ich weiterhin die wunderbare Energie, wie sie wellenartig durch meinen Körper rollte.

Obwohl ich sehr berührt war von der Vorstellung, dass Christus mit mir, dem kleinen „Erdenwurm" Kontakt aufgenommen hatte und sich dazu herabließ, einen Dialog zu führen, begann ich, ihm zuerst zögernd und sachte, dann mit wachsendem Vertrauen Fragen zu stellen, gerade wie sie mir spontan in den Sinn kamen und wichtig erschienen. Die Antworten erfolgten auf die schon beschriebene Weise: eine Energiewelle für „NEIN", zwei für „JA". Auf manche Fragen erhielt ich keine Antwort. Ich bat, auch weiterhin mehr und intensiver zu erfahren; ich bat, noch mehr fühlen, sehen und hören zu dürfen. Und ich wiederholte manche Fragen, um Sicherheit zu gewinnen und Zweifel zu zerstreuen. Vor allem bat ich darum, den Kontakt niemals mehr abreißen zu lassen und versicherte meine Bereitschaft, jede nur mögliche Aufgabe übernehmen zu wollen.

Die wunderbare Begegnung konnte ich noch einige Zeit lang spüren, und als sie allmählich nachließ, übermannte mich wieder der Schlaf und hielt mich bis in den Morgen traumlos fest. Mein Glücksgefühl über das nächtliche Erlebnis dauerte freilich länger an und begleitete mich durch den nächsten Tag, sodass ich beschloss, meine Erinnerungen sofort zu Papier zu bringen. Dabei erlebte ich zum wiederholten Male, dass sich während des Schreibens nicht nur meine Erinnerung mit Leben erfüllte, sondern, als ob es noch einer Bestätigung bedürfte, leise Energiewellen wie eine sanfte Untermalung des Geschriebenen meinen Körper sanft durchzogen.

# Sich darauf einlassen

Mehr als zwei Jahr hatte es gedauert, bis ich Lee Carroll´s Buch „Die Reise nach Hause" ein zweites Mal zur Hand nahm. Freunde, die mir das Werk seinerzeit als Lektüre empfohlen hatten, machten keinen Hehl aus ihrer Begeisterung über den spirituellen und symbolträchtigen Inhalt. Ich aber kam damit gar nicht so gut zurecht und kämpfte mich lustlos bis zur letzten Seite durch. Ich empfand die ganze Geschichte recht banal und naiv und zu allem Überdruss stieß ich mich an den zahlreichen, wenn auch kleinen stilistischen Fehlern, die meinen Lesefluss irritierten und vermutlich auf Ungenauigkeiten bei der Übersetzung in die deutsche Sprache zurückzuführen sind. Es kostete mich viel Selbstdisziplin, bis zum Ende durchzuhalten und zurück blieb das unbefriedigende Gefühl, nichts Besonderes entdeckt, geschweige denn Spiritualität darin gefunden zu haben. Das Buch war weder besonders unterhaltsam oder lehrreich, noch humorvoll oder witzig, ein mäßig spannendes Phantasie-Märchen für einen, wie mir schien, nicht allzu anspruchsvollen Leserkreis. Mit meinem Verstand, kopflastig wie ich eben war, konnte ich mit dem Inhalt wenig anfangen.

Wie zufällig fiel mir dieses Werk noch einmal in die Hand und sofort erfasste mich ein leises Unbehagen bei der Erinnerung an die Lektüre. Gleichzeitig verspürte ich aber eine Art Herausforderung, einen neuen Anlauf zu nehmen und meine seinerzeitige Einstellung nochmals zu überprüfen. Dazu kam die Hoffnung und Neugier, vielleicht doch noch das Geheimnis zu entdecken, das andere Leser in seinen Bann gezogen hatte, mir aber verborgen geblieben war.

Ich ließ mich also ein zweites Mal auf „Die Reise nach Hause" ein, diesmal mit der Absicht, über alles hinwegzusehen, was mich seinerzeit irritiert hatte, und mehr auf die spirituellen Ansätze zwischen den Zeilen zu achten. Diesmal ließ ich mich wirklich auf die Botschaft ein und fand einen Zugang, sodass ich nach der Lektüre gleich ein zweites Buch desselben Autors in Angriff nahm. Dieser Titel hieß „KRYON, hinter dem Schleier". Lee Caroll, ein zweifellos außergewöhnlich medial begabter US-Amerikaner, hat hier eine Sammlung von Channelings des Engelwesens KRYON zusammengestellt, die weltweit an verschiedensten Orten vor vielen tausend Zuhörern stattgefunden hatten, unter anderem auch einige Male vor den Vereinten Nationen.

Ich möchte an dieser Stelle nicht auf die Einzelheiten der vielfach bedeutsamen Inhalte eingehen, die sich nicht nur an die persönlich Anwesenden in den Veranstaltungen richteten, sondern sogar alle Leser und Leserinnen dieses Buches trotz der zeitlichen Versetzung energetisch miteinbezogen. Die Themen betreffen verschiedene Veränderungen auf unserem Planeten Erde, der gesamten Weltbevölkerung und die Wege der Menschen in die spirituelle Meisterschaft. Jedem Leser und jeder Leserin möchte ich dieses Buch ganz besonders ans Herz legen, da ich in vielen Aussagen und Feststellungen selbst die spirituelle Kraft und ihre Wahrhaftigkeit energetisch unmittelbar nachfühlen konnte.

Die für mich aus der Lektüre der Channelings überraschende und wichtigste Erkenntnis war, dass ich die Energie, die während der Vorträge von Lee Carroll im Auditorium entstanden war, trotz des Zeitabstandes, der bis zu meiner Lektüre immerhin einige Jahre umfasste, und trotz der fehlenden räumlichen Unmittelbarkeit zwischen dem Autor und mir als Leser, selbst nachempfinden konnte. Hätte ich diese für mich neuen Erfahrungen nicht selbst, gewissermaßen am eigenen Leib, beim Lesen wahrgenommen, würde ich wahrscheinlich bezweifeln, dass längst geschriebene Texte für die Nachwelt ihre Energie bewahren können. Mag sein, dass sich hier ein Beweis für die Behauptung findet, dass die Zeit vielleicht doch nur eine der vielen menschlichen Fiktionen ist, eine Annahme, die nur unserer verstandesgemäßen Orientierung dient. Vielleicht stecken in manchen, wenn nicht gar in allen uns überlieferten Schriften Energien, Schätze, die von uns Menschen noch nicht entdeckt und gehoben wurden.

# Eine kleine Heilung

Seit mehr als dreißig Jahren lebe ich mit meiner Schwiegermutter unter einem Dach, im Großen und Ganzen friedvoll und in Harmonie. Diese Frau, die unter dem Verlust ihrer Tochter entsetzlich leidet, bedarf ihrem Alter entsprechend einiger Unterstützung und Zuwendung, wenn sie sich auch sehr bemüht, ihre Selbständigkeit zu erhalten und ja niemandem zur Last zu fallen. Trotzdem bleibt auch sie nicht von kleinen Unfällen und Missgeschicken verschont, die sie, soweit wie möglich, sogar am liebsten verheimlichen würde.

Als sie unglücklicherweise über eine Stufe stolperte, erlitt sie an einem Bein einen großflächigen Bluterguss und Prellungen vom Kniegelenk abwärts. Der Vorfall konnte nicht unbemerkt bleiben, sie litt Schmerzen und entschloss sich, die Hausärztin aufzusuchen. Mit einer einfachen Salbe ausgestattet litt sie einige Tage lang unter Schmerzen und das Hämatom breitete sich nach und nach über den ganzen Unterschenkel weiter aus.

Ohne allzu viel Hoffnung, ihr wirklich helfen zu können, unternahm ich ein kleines Experiment. Am Abend als ich schlafen ging, wandte ich mich an Erzengel Raphael. Er erschien tatsächlich rasch und überströmte mich mit seiner Energie. Ich bat ihn, ich muss gestehen ein wenig halbherzig, der alten Frau zu helfen. Dann spürte ich, wie mich seine Energie wieder verließ. Am nächsten Morgen wollte ich zusammen mit ihr überprüfen, ob die Salbe endlich Wirkung zeigte. Meine Schwiegermutter nahm den Verband ab und zu meiner stillen, aber großen Freude war der Bluterguss auf die Größe eines Tennisballs zurückgegangen. Nach weiteren zwei Tagen war von der Verletzung nichts mehr zu sehen.

Im Augenblick, da ich diesen Bericht schreibe, spüre ich wieder Raphaels Energie, die mir durch den ganzen Körper zieht und damit die Wahrhaftigkeit des geschilderten Geschehens bestätigt. Bleibt mir nur, Dank zu sagen und auf seine Unterstützung in zukünftigen Notfällen vertrauensvoll zu hoffen.

# Die Sagrada Familia

Kaum ein Besucher Barcelonas, der die pulsierende und weltoffene Stadt kennen lernen möchte, wird an diesem monumentalen Bauwerk Antonio Gaudís vorbeikommen. Es ist wahrscheinlich die aufregendste, interessanteste und eindrucksvollste Baustelle einer Kirche und wird das wohl noch einige Generationen lang bleiben. Immerhin üben die schlanken Türme von weitem eine magische Anziehungskraft aus, der sich kein Tourist entziehen kann. Vor fast vierzig Jahren war ich schon einmal da gewesen und trotzdem hatte ich alle Mühe, einen sichtbaren Baufortschritt seit dieser Zeit auszumachen. Die Fertigstellung wird angeblich ausschließlich mit Eintrittsgeldern der Besucher finanziert. Als Gaudí selbst einmal auf die endlos scheinende Bauzeit angesprochen wurde, soll er erwidert haben, dass der, für den die Kirche errichtet wird, mehr Zeit habe, als wir alle glauben.

Als ich mich gerade entschloss, die Sagrada durch das Untergeschoß, in dem Pläne, Skizzen, Zeichnungen und viele Detailmodelle der Kirche zu besichtigen sind, wieder zu verlassen, erlebte ich eine Überraschung: Im Quergang unterhalb des Hauptschiffes verspürte ich plötzlich eine starke Energie, die mich wellenförmig durchströmte, dabei meinen ganzen Körper erfasste und erst allmählich nachließ, als ich den Quergang verlassen wollte. Ich zweifelte an meinen Empfindungen und ging daher langsam und aufmerksam fühlend nochmals zurück. Es war keine Einbildung, denn wieder erfasste mich die Energie und erfüllte mich, solange ich mich in diesem Bereich aufhielt. Allerdings konnte ich diese Energie niemandem zuordnen. Als ich meine ReisebegleiterInnen, von denen ich mich beim Rundgang etwas entfernt hatte, darauf ansprach, bestätigten sie mir, dass sie ähnliche Empfindungen wahrgenommen hatten.

Wir sprachen einige Zeit über unsere Eindrücke, wobei wir uns die Frage stellten, ob Gaudí bewusst oder zufällig seine Kirche auf einen Kraftplatz gestellt habe, oder ob nur unsere Gruppe ein energetisches Erlebnis hatte. Mir ist leider nicht bekannt, ob jemals Messungen von Energielinien oder Energiepunkten durchgeführt wurden.

Am Abend ließ ich die Eindrücke des Tages nochmals in meiner Erinnerung vorbei ziehen, als ich kurz vor dem Einschlafen starke Energien in meinen Körper fließen spürte.

Mittels meiner gewohnten Fragetechnik erfuhr ich, dass sich die Seele meiner Frau zusammen mit meinem „Schutzpatron" Antiocio und dem Erzengel Jophiel mit mir energetisch verbunden hatten. Sonst konnte ich keine anderen Engelenergien ausmachen. Das war eine Premiere: Diese drei zusammen hatte ich noch nie erlebt, sondern bislang nur einzeln und zeitlich getrennt. Gemeinsam bedeuteten sie mir, dass es ihre Energien waren, die ich in der Sagrada Familia erleben durfte. Es scheint zwischen diesen Dreien und mir eine ganz besondere Seelenverbindung oder Seelenverwandtschaft zu bestehen.

Als ich am nächsten Morgen erwachte und ganz allmählich wieder zurück in die Realität kam, fühlte ich im Bereich des Dritten Auges einen leichten Druck und Lichterscheinungen, wie sie am ehesten mit dem Wetterleuchten eines entfernten Gewitters zu vergleichen sind. Gleichzeitig überkam mich neuerlich das Gefühl einströmender Energien und auf meine Fragen erhielt ich die eindeutige Bestätigung für meine Erfahrungen der letzten Nacht. Dazu bekam ich die Eingebung, dass zwischen den Seelen und Engeln einerseits und mir andererseits eine Verbindung über das morphogenetische Feld bestünde. So sehr ich mich aber bemühte, mehr darüber zu erfahren, es gelang mir nicht. Ich nahm mir fest vor, bei der nächsten sich bietenden Gelegenheit da, wo ich unterbrochen wurde, fortzusetzen und mehr Informationen zur Energie und zum morphogenetischen Feld zu erbitten.

# Die Weinhändlerin in Thun

Wer die grandiosen Naturschönheiten des Berner Oberlandes kennen lernen möchte, findet dafür im mittelalterlichen Städtchen Thun einen geradezu idealen Ausgangspunkt. In bequemen Tagesausflügen sind die weltbekannten Orte Adelboden, Gstaad, Kandersteg, Wengen und berühmte Berge wie das Schilthorn, die Jungfrau, der Mönch und der Eiger gut erreichbar.

Diesmal hatte ich nur drei Tage Zeit, um erste Eindrücke zu sammeln und zumindest einen Überblick über das Schi- und Bergsteigerparadies zu gewinnen. Wahrscheinlich war es wieder einmal kein Zufall, dass ich im alten Rathaus, einem kleinen aber feinen Hotel mit gerade einmal vier Zimmern, eine modern und komfortabel eingerichtete Unterkunft fand. Die Frau, die dort das Haus betreute und das Frühstück servierte, fragte mich am zweiten Morgen scheinbar beiläufig, wie ich geschlafen hätte.

„Recht gut", meinte ich, als mir einfiel, dass ich eigentlich in beiden Nächten durch Geräusche geweckt worden war, so, als ob Tische und Sessel im Restaurant, das sich unterhalb meines Zimmers befand, gerückt worden waren. „Wahrscheinlich sind ein paar Gäste länger geblieben, es war immerhin Wochenende, und sie haben bis in den Morgen gefeiert? Anschließend habt ihr wohl danach gleich wieder Ordnung gemacht und alles aufgeräumt?" Ich hatte dabei an die sprichwörtliche Schweizer Sauberkeit und Gründlichkeit gedacht.

Die Frau warf mir einen eigentümlichen Blick zu, lächelte und schüttelte mit Bestimmtheit den Kopf. „Nein, nein," sagte sie „die letzten Gäste sind nach Mitternacht gegangen und dann war niemand mehr im Haus. Ich bin die Erste, wenn ich um sechs Uhr mit der Arbeit beginne." Ich machte wohl ein ungläubiges Gesicht, wollte aber das unergiebige Gespräch beenden und das Thema wechseln. Die Frau aber setzte unbeirrt fort:

„Vor Ihnen haben schon einige Gäste in der Nacht solche Geräusche gehört. Eigentlich kann man sich das nicht wirklich erklären". Das machte mich neugierig und so erfuhr ich, dass in dem Haus bis vor etwa fünfzig Jahren eine Weinhandlung betrieben wurde. Eine Familie hatte das Unternehmen durch mehrere Generationen geführt, bis es vom letzten Nachkommen heruntergewirtschaftet und in den Konkurs getrieben worden war. Darüber hatte sich seine Mutter so sehr gekränkt, dass sie bald darauf verstorben war. Im Ort erzählte man sich, dass sie, genauer gesagt ihre Seele, keine Ruhe finden könne und Nacht für Nacht durchs Haus ziehe und Lärm mache.

Über diese „Geistergeschichte" musste ich schmunzeln. Man kennt doch Berichte über Poltergeister, vor allem aus Burgen und Schlössern, wo geschickte Besitzer nicht ohne Erfolg versuchen, das Interesse der Besucher und damit ihre Einnahmen aus Führungen durch die Gemäuer zu beleben.

Aber gerade, als ich die Geschichte der Frau mit einer etwas geringschätzigen Handbewegung abtun wollte, fuhr mir ganz plötzlich ein kalter Schauer von Kopf bis Fuß durch den Körper, eine energetische Welle, wie ich sie schon oft erlebt habe. Ab diesem Moment ahnte ich, dass mehr hinter der Erzählung steckte und dass das stimmte, was ich gehört hatte.

Die Kälteschauer kamen wieder, wurden stärker und wiederholten sich im Laufe des Tages. Ich hatte den Eindruck, als würde mich die Seele der Unbekannten begleiten und nicht mehr loslassen. Zögernd begann ich, mit meiner einfachen Fragetechnik das seltsame Geschehen zu entschlüsseln. Wieder einmal war ich, ohne es zu ahnen, in eine Art Vermittlerrolle geraten. Es schien mir, als wollte die Seele endlich loslassen und sich von ihrem zwanghaften Festhalten befreien. Da mir allmählich auch die wiederkehrenden Energieströmungen körperlich ziemlich unangenehm wurden, suchte ich nach einem Ausweg, mir und zugleich dieser Seele zu helfen. Ich erinnerte mich an meine Erlebnisse auf dem Friedhof auf Teneriffa und an das Mädchen mit der Mandeloperation. Dazu fielen mir zwei Möglichkeiten ein: Die energetische Reinigung der Räumlichkeiten, aus denen die eigenartigen Geräusche zu vernehmen waren, mittels der gleichnamigen Engel-Aura-Essenz und einer intensiven Bitte an die Engelwelt, der Seele auf ihrem Weg ins Licht behilflich zu sein und sie an den Ort ihrer Bestimmung zu führen.

Wie gedacht, so getan. Schon bald danach nahmen die energetischen Ströme durch meinen Körper spürbar ab und mich erfüllte ein gewisses Erfolgserlebnis, der Seele möglicherweise geholfen zu haben. Da mein kurzer Aufenthalt in Thun zu Ende war, konnte ich mich nicht wirklich davon überzeugen, ob meine Vermittlungsversuche tatsächlich erfolgreich gewesen waren. Ich bat daher die Frau, die mir die Geschichte erzählt hatte, aufmerksam die weitere Entwicklung durch einige Zeit zu beobachten, was sie mir gerne versprach.

Erst nach einem Monat rief ich sie an. Dazwischen war ich im Ausland unterwegs gewesen, hatte aber immer wieder an die seltsame Begebenheit denken müssen. Sie erinnerte sich sofort an unsere Gespräche und auf meine neugierige Frage, ob sie mit anderen Hotelgästen über unerklärliche nächtliche Geräusche gesprochen hätte, sagte sie: „Ja freilich, ich habe immer wieder nachgefragt, aber niemand hat mehr etwas gehört. Wahrscheinlich hat ihr Gebet doch geholfen!" Ich versprach ihr, mich nach geraumer Zeit nochmals zu melden und nachzufragen.

Ich bin mir gegenüber immer noch zu skeptisch, um mich mit diesem Ergebnis jetzt schon zufrieden zu geben. Aber eigenartig fand ich es schon, als ich beim Niederschreiben dieser Zeilen ganz starke Energien durch meinen Körper fließen und eine Art Gänsehaut auf meinem Rücken spürte, war das vielleicht eine Bestätigung der Weinhändlerin, eine Art „Dankeschön" gewesen?

*(Als ich ein halbes Jahr danach die Frau angerufen hatte, erzählte sie mir, dass seit meiner Abreise keine nächtlichen Störgeräusche mehr aufgetreten waren.)*

# Nachts ging das Telefon

Es war ziemlich genau um ein Uhr dreißig an einem Novembertag, als mich ein Anruf mit energischem, zweimaligem Klingelton aus dem tiefen Schlaf aufschrecken ließ. Noch ganz benommen, konnte ich noch gar nicht registrieren, ob ich den Hörer im Finsteren in die Hand bekam. „Hallo, wie geht es dir?" Die Stimme erkannte ich sofort. Mit diesem Tonfall, mit dieser Lebhaftigkeit im Ausdruck, konnte das niemand anders sein als die gute alte Tante Emma. Sie klang so frisch und heiter, so deutlich wie in einem Ortsgespräch. Ich aber befand mich im Augenblick einige tausend Kilometer von zuhause entfernt auf Kuba. Warum sollte sie mich anrufen, was war geschehen? Irgendetwas stimmte da nicht, was ich im Dämmerzustand meines Halbschlafes nicht erfassen konnte, „Hallo, Tante Emma, wie geht es dir und wie geht es Onkel Karl?", fragte ich und versuchte mich zu konzentrieren. „Gut, sehr gut, aber er hat eine Pensionskürzung hinnehmen müssen. Das hat ihn schon sehr geärgert!". An dieser Stelle riss der Faden und die Sprechverbindung endete so abrupt, wie sie begonnen hatte.

Ich fühlte, wie ich allmählich aus meinem Dämmerschlaf erwachte und mein Verstand auf Touren kam. Tante Emma und Onkel Karl waren doch bereits vor Jahren verstorben, zu ihren Angehörigen hatte ich nur selten Kontakt und von meinem Aufenthalt auf Kuba wusste nur meine Familie Bescheid. Und nicht zuletzt stellte ich fest, als ich im Zimmer Licht machte und mich umsah, dass der Telefonapparat weit von mir entfernt stand.

Ich fand keine Zeit mehr, darüber nachzudenken und fühlte nur, wie vom Stirnchakra ausgehend starke Energie durch den ganzen Körper und alle Gliedmaßen zu fließen begann. Ich musste mich hinlegen, konnte nur noch flach atmen, bekam wenig Luft und spürte buchstäblich das Herz bis zum Hals schlagen. Dieser beklemmende Zustand besserte sich allmählich, während weiterhin Energie durch mich durchströmte.

„Tante, sprich nochmal mit mir", bat ich, doch die „Leitung" blieb still. „Willst du mir etwas sagen, vielleicht eine Botschaft übermitteln?". Sofort fuhren mir zwei energetische Wellen deutlich durch und durch. War das das Zeichen der Zustimmung ganz nach meinem Sprachcode?

„Soll ich etwas ausrichten?". Die Antwort war JA. Der Reihe nach ging ich in Gedanken ihre Familienmitglieder durch: Sohn, Schwiegertochter, Enkel, Urenkel. Bei der Schwiegertochter erhielt ich die Bestätigung!

Sicherheitshalber wiederholte ich meine Frage. Die Antwort war wieder eindeutig „JA". Nach einigen Anläufen hatte ich die Botschaft erfasst: Eine Erkrankung oder eine drohende Krankheit, vor der die Seele meiner Tante warnen wollte und mich dazu als Verbindung ausgesucht hatte. Nach einigem Überlegen wusste ich, was zu tun war. Ich würde ihren Sohn diskret ins Vertrauen ziehen und ihm vorschlagen, seine Frau vielleicht im Zuge einer Gesundenuntersuchung durchchecken zu lassen. Nicht mehr als ein Vorschlag, denn er selbst sollte über die Vorgangsweise entscheiden. Ich war sehr gespannt, wie sich die weiteren Dinge entwickeln würden. Ich erwartete eine Entscheidung, ob meine Eingebung und der nächtliche „Spuk" doch einen realistischen Hintergrund enthielten, oder sogar einen Beweis, dass diesmal meine Phantasie mit mir durchgegangen sei. Eigentlich brauchte ich nach meiner Überzeugung keine Beweise mehr und hoffte trotzdem, dass ich mir nun um die Frau keine weiteren Sorgen machen müsse. Wie ich später erfuhr, litt sie schon einige Zeit an einer schweren Krankheit und wollte sich kurz darauf auch einer Operation unterziehen.

Zwei Tage nach meiner Rückkehr aus dem Urlaub traf ich mit meiner Schwiegermutter und den Angehörigen der verstorbenen Tante zusammen. In einem Moment, als die beiden Frauen sich gerade angeregt über gemeinsame Erinnerungen aus vergangenen Zeiten unterhielten, nahm ich den Sohn beiseite. Um ihn auf die konkrete Botschaft vorzubereiten, holte ich weit aus und berichtete ihm ausführlich über meine persönlichen Erlebnisse und Erfahrungen mit Engeln und Seelen. Dann gab ich ihm die Information, die mir seine verstorbene Mutter für seine Frau übermittelt hatte. Aus seinen Reaktionen konnte ich erkennen, dass ihn meine Schilderung nicht nur überraschte sondern sehr berührte. Er dankte mir, als ich mit meinen Ausführungen zu Ende war, nicht ohne merkliche innere Regung. Obwohl ich sogar darauf gefasst war, bei ihm auf eine ablehnende Reaktion zu stoßen, da ich ihn als nüchternen, technisch gebildeten und sachlich orientierten Verstandesmenschen kennengelernt hatte, konnte ich seinen Zugang spüren, als ob sich eine Tür einen Spalt breit auftun würde. Spontan versicherte er mir überzeugt zu sein, dass es sehr viele Bereiche gäbe, die von uns Menschen nicht erforscht seien und er nicht grundsätzlich alles ausschließe, was ihm neu, fremd oder unwahrscheinlich vorkomme.

Wir verblieben so, dass er über das Gehörte nachdenken, besser noch nachfühlen wollte und wir darüber irgendwann wieder Verbindung aufnehmen würden. Es erstaunte mich nicht, als ich in der folgenden Nacht, etwa um 3 Uhr morgens erwachte und heftige Energieströme durch meinen Körper flossen. Sehr rasch erkannte ich, dass sich die Seele meiner Tante gemeldet hatte, um mir für meine Initiative entweder zu danken oder mir zu bestätigen, dass meine Vorgehensweise ihre Zustimmung gefunden hatte. Ich empfand es wie eine Belohnung, als unmittelbar anschließend auch die Verbindung zu meiner Frau, zu Erzengel Jophiel, zu meinen Schutzengeln und sogar zum Höheren Selbst entstand. Der Kontakt war intensiv und dauerte etwas mehr als zwei Stunden an, bis mich eine leichte körperliche Schwäche und Schwindelgefühle erfassten. An Schlaf war nun nicht mehr zu denken. Ich schaltete das Licht meiner Nachttischlampe ein, aus dem Radio vernahm ich leise klassische Frühmusik und schon griff ich nach meinem Schreibzeug, um das eben Erlebte schriftlich festzuhalten.

# Was dreht sich da?

Nach der Fernsehübertragung eines nur mäßig spannenden Fußballspiels war ich spät zu Bett gegangen. Wahrscheinlich war ich noch nicht sehr tief eingeschlafen, als etwa eine halbe Stunde später gleichmäßiges Klopfen in mein müdes Bewusstsein drang: Nicht sehr laut, doch deutlich, etwa vier- oder fünfmal. Im Wachwerden lauschte ich aufmerksam. Die Klopfzeichen waren verstummt, rundherum nur Stille. Als ich die Augen endlich öffnen konnte, schimmerte nur das Straßenlicht durch das mit dem Vorhang abgedunkelte Fenster und drang durch die offene Tür bis zum Vorraum hinaus, wo sich etwas zu bewegen schien. Das zwang mich reflexartig, hellwach zu werden und voll konzentriert dorthin zu sehen. Was ich da erblickte, erschien anfangs wie eine optische Täuschung oder eine plötzlich auftretende Sehstörung. Da schwebte vor dem Türrahmen eine transparente, fahl schimmernde Lichtsäule, gefüllt mit undefinierbaren matt glänzenden Teilchen. Eine Säule, die vom Boden bis zur Decke reichte und sich langsam um die eigene Achse zu drehen schien. Gegen den Uhrzeigersinn, wie ich mich später erinnern konnte. Gleichzeitig durchströmte Energie meinen ganzen Körper, wellenförmig an- und abschwellend, ohne dass ich imstande war, sie genau zuzuordnen: Das Ereignis schien irgendwie mit Erzengel Jophiel und Antiocio zu tun zu haben.

Obwohl mir der Anblick dieser Säule völlig neu und recht beklemmend, fast unheimlich, vorkam, empfand ich keinerlei Angst vor der Erscheinung. Ich betrachtete mit großem Staunen den Vorgang, unfähig, in diesem Moment eine klare Überlegung anzustellen oder zu agieren. Ich lag einfach im Bett, sah das Schauspiel. Als es nach einigen Minuten verblasste und schließlich verschwand, schlief ich ein, als ob das die natürlichste Sache der Welt gewesen wäre. Ich begreife nicht, wieso ich nach diesen seltsamen und unglaublichen Eindrücken so einfach wieder in den Schlaf fallen konnte.

Als ich morgens erwachte, galt mein erster Gedanke dem nächtlichen Schauspiel. Der Sinn und die Absicht, hinter dieser Erscheinung blieben mir völlig schleierhaft.

Wenn ich nachträglich versuche, die Bewegung der „Säule" zu beschreiben, würde ich sie am ehesten mit einem riesengroßen schlanken Trinkglas vergleichen, das eine mit Schwebstoffen versetzte Flüssigkeit enthält, welche mit einem Löffel in eine langsame Drehbewegung versetzt wurde. Oder mit einem sanften Wirbelwind, wie er manchmal auf Plätzen und in Straßenecken das Herbstlaub zusammentreibt, im Kreis hochzieht und die goldbraunen Blätter in spiralförmige Kreisbahnen lenkt.

Mit einer Einbildung oder einem Traum lässt sich die Begebenheit nicht erklären, obwohl das für mich die einfachste Antwort wäre. Die Eindrücke waren einfach zu deutlich vor meinem wachen Bewusstsein abgelaufen.

# Begegnen, nicht träumen

Als ich eines Tages von Wien nach Hause zurück gekommen war, überraschte mich meine Schwiegermutter mit einer sensationellen Nachricht. Folgendes war geschehen: Sie war frühmorgens aus einem Traum erwacht. Den Inhalt des Traumes hatte sie zwar gleich wieder vergessen, nicht aber was sich danach ereignet hatte.

Sie meinte, im Vorraum zu ihrem Schlafzimmer deutlich Schritte von jemandem gehört zu haben, der dort scheinbar auf und ab gegangen war. Danach glaubte sie die Stimme ihrer Tochter, meiner verstorbenen Frau, vernommen zu haben: „Aber Mama, zieh dich wärmer an und geh´ nicht barfuß, sonst wirst du noch krank!". Aus, nichts weiter. Nur diesen scheinbar belanglosen Satz. Doch später erkannte ich den Sinn und den Zusammenhang dieser kurzen Botschaft.

Meine Schwiegermutter hatte, da der Frost seit einigen Tagen durch einen Warmwettereinbruch unterbrochen war, die Heizung unseres Wohnhauses nicht bloß zurückgestellt, sondern aus übertriebener Sparsamkeit ganz abgeschaltet. Darauf hatte sie dann vergessen und das Haus kühlte aus. Trotzdem ging sie barfuß in der Wohnung umher. Ihre Tochter wollte die betagte Frau vor einer leichtfertig provozierten Erkältung warnen. Erst als ich diesen Zusammenhang erkannte, wurde mir die wahre Bedeutung dieser Begebenheit erst so richtig klar: Es hatte sich erstmals in aller Deutlichkeit eine direkte spirituelle Verbindung zwischen Mutter und Tochter aufgebaut und ich konnte, während ich die Erzählung hörte, sofort und unmissverständlich nachfühlen, dass hier keine Halluzination, kein Traum, keine bloße Wunschvorstellung vorlag.

Mich durchlief zur Bestätigung der Wahrheit und Echtheit ein minutenlanger Energieschauer. Er strömte vom Kopf bis zu den Füßen und ich konnte die energetische Anwesenheit meiner Frau deutlich fühlen. Alles war wahr, was meine Schwiegermutter berichtet hatte. Ich konnte mich vor Freude kaum fassen. Endlich war ein direkter Kontakt zwischen den beiden zustande gekommen und mich erfüllte die Hoffnung, dass nun „das Eis gebrochen war" und weitere Kontakte folgen konnten. Ich versuchte, dieses beglückende Gefühl meiner Schwiegermutter weiterzugeben und in ihr den Samen einer Hoffnung wieder zum Keimen zu bringen. Hatte sie doch seit dem Tod ihrer Tochter ununterbrochen in tiefer Trauer und Verzweiflung, in Hoffnungslosigkeit und Erwartung ihres manchmal von ihr sogar herbeigewünschten Endes verbracht. Ihre spontane Reaktion auf meinen Erklärungsversuch war ungläubiges Schweigen, Zögern, dann zweifelndes Staunen und der Argwohn, das Erlebnis mit der Täuschung eines Traumes verwechselt zu haben. „Warte nur ab und sei geduldig", riet ich ihr. „Ich glaube, dass das vielleicht erst ein Anfang war und dass du noch weitere Kontakte bekommen wirst".

# Begegnungen in der Provence

Knapp eine Woche vor unserer Abreise erfuhr ich, wohin es diesmal ging, denn es sollte eine Geburtstagsüberraschung für mich werden. Vergeblich hatte ich versucht, das Ziel zu erraten, und die Überraschung war groß: Die Provence! Viele Jahre zuvor war ich mit einem Freund nur die Küste zwischen Katalanien und dem Golf von Genua entlang gebummelt.

Marseille, Nizza, Cannes, St. Tropez, das waren die Orte, die mir noch in Erinnerung geblieben waren, doch diesmal führte der Weg ins Landesinnere, in mittelalterliche Städte zwischen dem leuchtendweißen Mont Ventoux, der Rhône, der Durance und der Camargue.

## Maria Magdalena

Als ich kurz vor dem Abflug den Reiseführer zur Hand nahm, zunächst nur um einmal schnell darüber zu lesen, blieb ich an einer bestimmten Stelle hängen, ohne gleich erkennen zu können weshalb. „Les Saintes-Maries de la Mer". Warum fühlte ich plötzlich Energie durch mich strömen? Eine Irritation, ein Versehen? Plötzlich kam mir ein Déja-vu in den Sinn. Ähnliches war mir doch schon einmal passiert, damals, als ich vor meiner Reise nach Sardinien in einem Buch auf die Landkirche des Bischofs Antiocio von Bisarca gestoßen war. Sollte sich dieses einmalige Erlebnis wiederholen? Ahnungslos, aber voller Erwartung begann ich genau nachzulesen, was über den Ferienort, der nach den „heiligen Marien" benannt ist, geschrieben stand. Während ich las, verspürte ich ständig, wie mich energetische Ströme durchzogen. Angeblich war Maria Magdalena, begleitet von Maria Salome, der Mutter der Apostel Jakobus und Johannes sowie von Maria Jakobäa, der Schwester der Gottesmutter, und anderen Reisegefährten, darunter die dunkelhäutige Sarah aus Ägypten, auf ihrer Flucht nach dem angeblichen Tod Jesu hier gelandet. Sie hatten aus Dankbarkeit für ihre Errettung am Ufer einen Altar errichtet, der später mit einer Kirche überbaut wurde. Soweit die Legende, aber eben nur eine Legende, wie viele andere auch – doch warum verspürte ich diese Energie durch mich durchfließen? Ich fasste den Entschluss, sehr bald nach meiner Ankunft in der Provence diesen Ort aufzusuchen. Meine Ungeduld erlaubte keinen Aufschub. Gleich am ersten Tag brach ich auf.

Les Saintes-Maries de la Mer erwies sich als ein von Touristen überfluteter, nicht sonderlich attraktiver Badeort. Der romanisch-gotische Kirchenbau zeigte sich in ausgewogenen Dimensionen, im Innenraum war er recht düster und nicht ganz frei von dem für Wallfahrtsorte typischen Mix aus Kunst und Kitsch, wie er der gelebten Frömmigkeit größerer Menschenmassen im allgemeinen entspricht. Er beeindruckte mich weniger durch sein Erscheinungsbild, sondern vielmehr durch spürbare Energie, die ich schon im Eingangsbereich wahrnehmen konnte.

Obwohl ich mich nun auf ein Ansteigen dieser Energie eingestellt hatte, geschah nichts. Je weiter ich in Richtung Altar schritt, umso mehr nahm die Energie ab, bis ich schließlich nichts mehr spürte. Der Platz, das gelang mir energetisch abzufragen, hatte wohl mit Maria Magdalena zu tun, doch konnte ich nicht eruieren, ob sie und ihre Begleiterinnen tatsächlich hier einen Altar errichtet hatten. Vielleicht war ich in der Situation zu unsensibel, vielleicht war die Historie auch anders abgelaufen als die Legende berichtet. Mit dem Ergebnis meiner Recherchen war ich unzufrieden.

Zwei Tage später führte wieder einmal der Zufall Regie. Obwohl im Reiseführer mit keinem Wort erwähnt, stieß ich in einer Zeitschrift auf die äußerst ungenaue Beschreibung einer Wanderung zur Grotte „La Sainte Baume". Ich blieb unwillkürlich daran hängen, da ich wieder starke Energieströme fühlte. Trotz meiner Unsicherheit fuhr ich schon am nächsten Tag los und nach mühevollem Fragen und Suchen stand ich schließlich vor einer nahezu senkrecht aufragenden Felswand, in deren oberem Bereich ein Bauwerk wie ein Schwalbennest zu kleben schien. Erstaunlicherweise führte ein recht bequemer Weg durch ein Waldstück und mündete in eine lange Treppe, deren Stufen in den Felsen geschlagen waren. Am Ende des Aufstiegs fand sich ein kleiner, abteiähnlicher

Bau neben einer geräumigen, hohen Felshöhle. Davor eine Kreuzigungsgruppe, im Inneren diverse Heiligenfiguren, in Stein gehauen, alle in frommen Posen dargestellt. Tief drinnen im Dunkel der Höhle, anfangs nicht erkennbar, tropfte unablässig Wasser aus einer Felsspalte. Trotz dieses für mich weder anziehenden noch erbaulichen Umfeldes empfing ich starke Energieströme, die durch meinen Körper flossen. Mein Nachfragen bestätigte mir eindeutig, dass ich die Energie von Maria Magdalena spüren durfte. Sie war wohl von der Küste ins Landesinnere gezogen, an einen damals sicherlich nur sehr unzugänglichen Ort. Was mochte ihr Beweggrund gewesen sein? Wollte sie sich in die Einsamkeit zurückziehen, um Buße zu tun, wie die Legende berichtet? Wohl kaum, denn was hätte sie, die von Jesus Christus als Nachfolgerin vorgesehen war, getan, wofür hätte sie zu büßen gehabt?

Aus Angst vor Verfolgern? Wohl auch nicht, denn bis nach Frankreich reichte der Arm rachsüchtiger Menschen, die sie aus Jerusalem vertrieben hatten, gewiss nicht. Abkehr von der Welt, um ihre Spiritualität zu leben? Vielleicht. Ich konnte keine eindeutige Antwort auf meine Fragen ausmachen. Ihre Energie umfing mich und begleitete mich noch lange, nachdem ich die Grotte wieder verlassen hatte.

## Pantaleon

An jenem Nachmittag, als ich nach dem Ausflug zur Grotte „La Saint Baume" wieder heimwärts fuhr, schlug ich einen kleinen Umweg ein und erreichte bald einen jener Weiler, die sich zwischen Weinbergen und Kirschbaumplantagen in sanfte Mulden schmiegen, fernab von der Hast und der Eile des vorbeiflutenden Fernverkehrs. Den schläfrigen Charme dieser Gegend untermalte nur das Summen der Bienen und Vogelgezwitscher. Dort fand ich ein kleines romanisches Kirchlein, auf einen Felsen gebaut wie für die Ewigkeit, dem heiligen Pantaleon geweiht. Unmittelbar angrenzend lag ein winziger Friedhof, auch er war auf felsigem Boden angelegt. Die Gräber konnten daher nicht aus dem Boden geschaufelt werden, sondern waren als Hochbauten, aus Steinplatten zusammengefügt, in Quaderform errichtet. Obenauf lagen keramische

Schmuckstücke mit Grüßen und Segenswünschen der Hinterbliebenen anstelle von Blumen und Kränzen.

Die Besonderheit dieser Anlage aber befand sich unmittelbar und eng rund um die Kirche selbst. Dort entdeckte ich leere Grabnischen, mühevoll in den Felsen gehauen, exakt den Körperkonturen der dort bestatteten Menschen angepasst, für Erwachsene ebenso wie für Kinder, die hier vor Jahrhunderten zur Ruhe gebettet wurden. Noch heute vermitteln sie in berührender Weise das Bedürfnis, sich möglichst eng an den Ort ihres Glaubens und somit an ihren Schöpfer anzuschmiegen, um für den Jüngsten Tag ehestens bereit zu sein.

An diesem Ort geschah plötzlich etwas, das mich verblüffte, gerade als ich vergeblich versucht hatte, die verschlossene Kirchentür zu öffnen, um einen Blick in das Innere zu erhaschen. Dieser Wunsch blieb mir zwar verwehrt, doch als ich mich leicht enttäuscht mit dem Rücken an das Holztor lehnte, fuhr mir ein starker Energiestrom durch den Körper. Die Energie schwoll an, nahm ab, schwoll wieder an. Diese Empfindung hielt minutenlang an. Sehr überrascht, aber durch meine bisherigen Erfahrungen nicht mehr erschrocken, verharrte ich an der Kirchentür und ließ mich von der Energie durchströmen. In gewisser Weise konnte ich diesen Zustand sogar genießen.

Freilich drängte es mich sofort, die Ursache zu ergründen. Ich wusste nur, dass der Legende nach der Kirchenpatron St. Pantaleon, ein Arzt und Märtyrer aus Nikomedien im 3. Jahrhundert nach Christi Geburt gelebt und Wunderkraft besessen haben soll. Angeblich konnte er verstorbene Kinder wieder zum Leben erwecken, um sie zu taufen. Obwohl ich an dieser Geschichte meine Zweifel hegte, versuchte ich, mittels meines einfachen Sprachcodes, Fragen zu stellen. Zu meinem Erstaunen erhielt ich tatsächlich Antwort darauf. Einerseits erfuhr ich so, dass in der Legende ein wahrer Kern stecken dürfte, andererseits, dass die Energie, die ich erfühlt hatte, ein energetisches Zeichen der Zuwendung des heiligen Pantaleon an mich war. Sollten auch dabei wieder Seelenanteile eine besondere Rolle spielen? Hatte sich da ein Erlebnis, wie ich es ein Jahr zuvor mit Antiocio auf Sardinien erfahren hatte, wiederholt? Konnte ich die Energie als eine Aufforderung auffassen, Pantaleon als einen neuen Schutzpatron zu erkennen? Sein Zeichen in Form eines starken Energieschubs bedeutete eine eindeutige Zustimmung auf meine Frage. Ich freue mich seither immer wieder, wenn ich mich ab und zu mit ihm energetisch verbinden kann.

# Apulische Begegnungen

Meine Geschichte begann bereits einige Tage vor der Abreise nach Süditalien. Als ich den Reiseführer zur Hand nahm, war ich beim Durchblättern an einer Stelle hängen geblieben und gleich von Energieschauern durchrieselt worden. Im Buch las ich über Monte Sant Angelo, ein weiß gekalktes Bergstädtchen in der Region Gargano, hoch über der Bucht von Manfredonia. Dort befindet sich ein Heiligtum des Erzengels Michael, der im 5. Jh. nach Christus in einer Felsengrotte angeblich dreimal erschienen sein soll.

Nun ahnte ich, wem ich meinen Energieschauer zuzuschreiben hatte und beschloss, im Laufe meines Aufenthaltes diesen Ort aufzusuchen. Im selben Augenblick spürte ich, wie die leicht nachlassende Energie noch einmal stark anschwoll, als wollte sie meinen Entschluss bekräftigen. War das als Zustimmung gemeint? Mit Sicherheit, denn nochmals durchfuhr mich der gleiche Schauer.

Kaum in Apulien angekommen, begann ich gleich damit, erste Besichtigungen zu planen. Der Monte Sant Angelo durfte da nicht fehlen, doch wollte ich zuerst die nähere Umgebung meines Standortes erkunden, die reichlich kulturelle und historische Attraktionen zu bieten hatte.

Am zweiten Tag meines Aufenthalts besuchte ich das Valle d´Itria, das Tal der weißen Trulli, und erreichte zwischen endlos scheinenden Olivenhainen und weit ausgebreiteten Weinpflanzungen das Städtchen Alberobello. Das alte Zentrum dieses Ortes, das sich auf zwei benachbarten Hügeln erstreckt, war mit zahllosen Spitzkuppeln auf den eng aneinander gedrängten Häuschen geradezu übersät.

Mein Spaziergang führte mich durch die mit Andenkenläden und mit anderen kleinen Geschäften geschmückten Gässchen hinauf bis zur Kirche. Das Tor stand überraschenderweise offen – sind doch die interessantesten Kirchenbauten Italiens um die Mitte des Tages meist fest verschlossen. Ich trat ein und ehe ich mich versah, fiel mein Blick auf ein riesiges Bild von Pater Pio, einem Nationalheiligen Italiens. Im selben Moment überkam mich ein leichter Energieschauer, den ich erst gar nicht so richtig wahr haben wollte. Aber plötzlich wurde für mich der Kirchenraum zur Nebensache und der Heiliggesprochene stand im Mittelpunkt meiner ganzen Aufmerksamkeit.

Alle Geschichten und Berichte, die ich gelegentlich über ihn gelesen und gehört hatte, haben mich immer mit Skepsis erfüllt, denn dem südländischen „Verehrungswahn" gläubiger Menschen stand ich gefühlsmäßig immer schon ablehnend gegenüber. Doch die energetische Verbindung, die ich so überfallsartig zu spüren bekam, während ich bloß sein Bild betrachtete, ließ mich einfach nicht mehr los. Ich konnte die Energie auch noch während der ganzen Rückfahrt in mein Ferienhaus, ja sogar später noch mitten in der Nacht, als mich plötzlich starke Energieschauer aus dem Schlaf rissen, nur allzu deutlich spüren.

Am nächsten Morgen nahm ich voll Neugier meinen Reiseführer zur Hand, um mehr über Pater Pio nachzulesen. Welch Überraschung, sein Grab, die Erinnerungsstätte an sein Wirken und sein durch Spenden finanziertes Krankenhaus – übrigens das größte und modernste in ganz Süditalien – lagen nicht weit entfernt vom Monte Sant Angelo in San Giovanni Rotondo. Kurz entschlossen, denn nun hielt mich meine Ungeduld nicht länger im Zaum, fuhr ich mit meiner Begleiterin los. Beide Orte wollten wir am selben Tag besuchen, in beiden den von mir erfühlten Energien nachgehen.

Steile Serpentinen führten bergan, zu unseren Füßen lag das blaue Meer im Sonnenschein und oben wuchs der Ort mit jeder Kehre, die wir näher kamen, in eine erstaunliche Breite. Neue Siedlungen verstellten den Blick auf das Zentrum, bis das Kastell auf der Anhöhe erreicht war. Von dort führte uns ein schmales Gässchen abwärts zum Heiligtum des Erzengels Michael. Die ursprüngliche Felsplatte war mit einer wunderschönen Kirche und einem achteckigen Turm überbaut, romanische und gotische Elemente prägten das harmonische Bild. Bereits vor dem Eingang und dann nochmals, als ich zur Grotte des Hl. Michael hinabstieg, konnte ich die Energien deutlich wiedererkennen, auf die ich gehofft hatte. Ich empfand sie mild, sanft und so wohltuend, dass sie mich mit Freude erfüllten. Minutenlang konnte ich diese Empfindungen ungestört in mich aufnehmen und genießen.

Später, nach einem kurzen Rundgang durch das romantische antike Zentrum des Ortes, ging die Fahrt weiter nach San Giovanni Rotondo, einer Stadt, die nur einige Kilometer vom Monte entfernt in einem sanften Hochtal liegt. Nur wenige Schilder wiesen durch die verwinkelten Straßen, doch auf einigen Umwegen gelangten wir schließlich ans andere Ortsende, wo sich die Wirkungsstätte von Pater Pio, direkt an einen steilen Bergrücken gelehnt, in unglaublich weite Dimensionen ausbreitet: Der Wallfahrtsort der Superlative, mit Pilgerströmen überfüllt, hat angeblich an manchen Wochenenden schon bis zu 80.000 Gläubige aufgenommen.

An diesem Tag waren es glücklicherweise deutlich weniger, aber noch immer so viele, dass mein erster Gedanke zur raschen Flucht aus dem Trubel vor der Basilika riet. Doch kaum waren wir um zwei Ecken gebogen, fanden wir einen komfortablen Parkplatz. Von dort führte ein kurzer, aber steiler Weg direkt zum Vorplatz der Basilika. Hinter zwei Klosterfrauen kamen wir schnurstracks und ohne Aufenthalt vorbei an den Kontrollen des Ordnerdienstes und an der Besucherschlange zum Seiteneingang, traten ein und fanden uns direkt auf dem Weg zur Aufbahrungsstätte von Pater Pio. Ich ging an einer Pilgergruppe vorbei, die an einem Beichtstuhl Halt gemacht hatte, in dem die lebensgroße Wachspuppe des Heiligen in der Rolle eines Beichtvaters dargestellt war. Eine Treppe tiefer öffnete sich eine weitere Krypta, in deren Mitte auf einem erhöhten Podest die einbalsamierte Hülle des hoch verehrten Wundertäters in einem gläsernen Sarg zur allgemeinen Besichtigung freigegeben war.

Rund um den gläsernen Sarg drängte sich im Uhrzeigersinn, von Carabinieri dazu angehalten, ein dichter Menschenstrom langsam im Kreis, betend, kniend, staunend. In diesem gedämpften Trubel empfand ich nur ein Bedürfnis: Mich schnell in eine etwas ruhigere Ecke des großen Raumes zurückzuziehen, die Augen zu schließen und in mich zu gehen. Nach einigen Minuten vergeblicher Mühe und Konzentration, als ich schon fast resignieren wollte, begann ich sanfte Energien zu spüren, die aber nicht vom gläsernen Schrein her, sondern von oben zu kommen schienen. Als ich jedoch meine Blicke auf das „Schauobjekt" richtete, verlosch der energetische Strom sofort wieder. Also schloss ich nochmals die Augen und versuchte mich über die Vorstellung jenes Heiligenbildes, das ich am Vortag in der Kirche von Alberobello gesehen hatte, mit Pater Pio zu verbinden. Die Energie baute sich tatsächlich wieder auf und hielt einige Zeit an, solange, bis ich beschloss diesen Ort, der in ein Spannungsfeld zwischen inbrünstige Gläubigkeit und spektakulärem Schauspiel geraten war, zu verlassen.

Auf meine eigene Art, Verbindung aufzunehmen und Fragen zu stellen, erfuhr ich, dass mir Pater Pio in einer sehr liebevollen und freundlichen Zuwendung als „Schutzpatron" zur Seite stehen würde. Ganz ähnlich, wie schon Antiocio von Bisarca oder Pantaleon. Gespannt bin ich, ob sich diese Ereignisse auch in Zukunft noch fortsetzen und erweitern werden, zumal mir von meiner spirituell begabten Begleiterin insgesamt dreizehn Begegnungen dieser besonderen Art verheißen wurden.

# Am Fuße des Goldenen Berges

Nicht nur die Eröffnungsfeier der Olympischen Sommerspiele in China fand am 08. 08. 2008 statt. Für mich und meine Angehörigen war dieses Datum von einer völlig anderen, ganz besonderen Bedeutung. Fand doch an diesem Tag eine bedeutsame familiäre Feier auf der thailändischen Insel Ko Samui statt. So traf ich schon einige Tage zuvor mit meinen Freunden und Verwandten in Bangkok zusammen. Gemeinsam wollten wir einige der interessantesten Sehenswürdigkeiten in dieser voll Hektik, Betriebsamkeit und voll Lebenslust pulsierenden Metropole besichtigen.

Gleich am ersten Tag bestiegen wir den so genannten „Golden Mount", einen künstlich aufgeschütteten, mit bizarren Felsblöcken befestigten und mit herrlichen subtropischen Pflanzen üppig bewachsenen Erdhügel. Oben, der Begriff Gipfel wäre stark übertrieben, befindet sich eines der wichtigsten Heiligtümer des Landes, ein Schrein, in dessen Mitte eine von frommen Thais mit zahllosen Blattgoldfolien fast schon bis zur Unkenntlichkeit dicht überklebte kleine Buddhafigur thront. Der Ort war erfüllt von der Ehrfurcht und der Gläubigkeit eines schier endlos scheinenden Stroms an Besuchern, die ihre Gebete mit Opfergaben zu verstärken suchten. Die rings um das Heiligtum führende Plattform bot einen prächtigen Ausblick auf die sich in der endlosen Ebene ausbreitende Stadt.

Der Abstieg führte unsere kleine Besuchergruppe auf einem schmalen Weg zu einem kleinen Platz am Fuße des Hügels, an den ein ziemlich unscheinbarer Tempel grenzte. Das straßenseitige Haupttor stand weit offen. In dem einfach ausgestatteten Innenraum hatten sich Gläubige und Mönche gerade zu einer Zeremonie versammelt. Ich beobachtete, wie die Gläubigen auf einer Bankreihe links vom Eingang Platz nahmen, während die Mönche in ihrer auffälligen orangefarbenen Bekleidung auf der rechten Seite gegenüber saßen. Der Raum dazwischen blieb frei. Alle schienen sich miteinander locker und entspannt zu unterhalten. Die Situation empfand ich zunächst nicht beachtenswert, sodass ich mich dem auf der anderen Seite des Platzes stehenden Erfrischungsstand zuwandte, um mich, so wie meine Reisebegleiter auch, wegen der zunehmenden Tageshitze mit kühlem Trinkwasser zu versorgen.

Da geschah etwas für mich Unerwartetes. Im Tempel hatte eine Zeremonie begonnen. Die Mönche stimmten eine Art Sprechgesang an, durchdringende, monotone, sehr sonore Laute erfüllten den Tempel und den Vorplatz. Im selben Augenblick fühlte ich mich von einer unbeschreiblich starken Energie erfasst. Ich musste mich ganz dem Tempel zuwenden und, wie von einer unsichtbaren Kraft geleitet, auf das offene Tor zugehen. Dort stand ich still und empfing mit großer Freude und mit geradezu kindlichem Staunen Welle um Welle dieser wunderbaren akustisch ausgelösten Energie.

Gleichzeitig wurde mein Körper von Kopf bis Fuß von kühlen Schauern durchströmt. Trotz der großen Hitze spürte ich nur noch „Gänsehaut". Ich rührte mich nicht mehr von der Stelle, sah die kahlen Köpfe der Mönche, die mit unbewegten Gesichtern, regungslos, wie versteinert auf ihren Bänken saßen. Während die Energie weiter auf mich wirkte, fuhr mir wie ein Blitz der Begriff „Chanten" durch den Kopf. Das also musste Chanten sein. Ich hatte davon schon gehört, hatte es in einer kleinen Gruppe auch schon ein paar Mal versucht, aber noch nie etwas Besonderes dabei empfunden. Doch jetzt war plötzlich alles anders.

Ich konnte völlig unvorbereitet, völlig überraschend und somit ganz spontan plötzlich „echtes Chanten" erleben. Diese Energiewellen, die mich von vorne durchdrangen und sich wie eine Wolke über mir sammelten, um mich und meine Aura zu überströmen, wühlten mich auf und erfüllten mich mit einem ungewöhnlichen Glücksgefühl.

Da ich einige Zeit unbewegt verharrte und das Chanten in mich aufnahm, kehrten meine Begleiter, die einige Schritte vorausgegangen waren und offenbar von alldem, was ich gerade erlebte, nichts bemerkt hatten, zurück, um besorgt nach mir zu sehen. Vielleicht bot ich ihnen sogar einen leicht verstörten Anblick. Jetzt erst löste ich mich aus meiner Erstarrung und versuchte, so gut ich konnte, ihnen das Besondere dieser Situation klar zu machen. Ich streckte ihnen, wie zum Beweis, meine Arme entgegen, die noch immer von einer starken „Gänsehaut" überzogen waren. Doch sie reagierten nur mit Erstaunen und, wie mir schien, mit Verständnislosigkeit. An ihnen war anscheinend alles spurlos vorbeigegangen.

Wir setzten unser Besichtigungsprogramm weiter fort, doch die aufgenommene Energie ließ mich so bald nicht los. Sie zog in auf- und abschwellenden Wellenbewegungen noch etwa eine Stunde lang durch meinen Körper, ehe sie allmählich verebbte.

Später dann und auch noch an den folgenden Tagen konnte ich, wann immer ich mir die Situation mit den chantenden Mönchen in Erinnerung rief, diese Energie wieder in mir wach werden lassen und fühlen.

Sogar noch zwei Wochen danach, als ich wieder daheim und einige tausend Kilometer vom eigentlichen Ort des Geschehens entfernt war, beschloss ich, dieses Erlebnis aufzuschreiben. Da rieselte diese Energie noch immer sanft und wohltuend durch mich durch, als wollte sie mir nochmals die Echtheit meiner Empfindungen nachdrücklich bestätigen. Endlich wusste ich, was Chanten bedeutet und dankte aus der Ferne den thailändischen Mönchen für ihre mir erwiesene Wohltat.

# Impressionen aus Lissabon

Als eine der bedeutendsten Sehenswürdigkeiten Portugals gilt das Hieronymuskloster im Lissaboner Vorort Belém. Einstmals noch direkt am Ufer des sanft dahin strömenden Tejo gelegen, wird es heute geradezu als Paradebeispiel und Prunkstück des manuelinischen Baustils aus der Glanzzeit der portugiesischen Kolonialgeschichte gerühmt.

Im Verlauf meines kurzen Aufenthaltes in Lissabon konnte ich der Versuchung nicht widerstehen, wenigstens einige der prominentesten touristischen Highlights zu besichtigen. Also zog es auch mich zum Hieronymuskloster und ich reihte mich in den Besucherstrom. Gerade als ich das Haupttor durchschritten hatte, meine neugierigen Blicke durch den gewaltigen Kirchenraum und nach vorne zum Altar schweifen ließ, erfasste mich eine starke energetische Strömung und ein kühler Schauer rieselte vom Kopf abwärts über meinen Rücken. Die Energie schien von der linken Seite des Kirchenschiffs zu kommen. Doch konnte ich, noch geblendet vom gleißenden Sonnenschein, im Halbdunkel des Raumes nichts Besonderes erkennen. Also ging ich langsam weiter in Richtung Hauptaltar und empfand ein Gefühl, als ob mir die Energie nachfolgen würde, mich schließlich auch einholte, so als wollte sie mich begleiten. Als ich die Vierung erreichte, wurde sie deutlich schwächer, obwohl gerade dort die besonderen Attraktionen zu sehen waren: Prunkvolle Sarkophage zweier portugiesischer Könige und ihrer Gemahlinnen. Als ich meinen Rundgang fortsetzte und mich wieder dem Ausgang näherte, fühlte ich, dass sich die eben beschriebene Energie abermals verstärkte. Sie ging mir so kraftvoll durch und durch, dass ich suchend stehen blieb und mich einer zunächst unscheinbaren Kapelle zuwandte, von der die seltsame Energie auszugehen schien. Die Darstellung Christi über dem kleinen Altar, der sein Kreuz nach Golgata schleppte, ließ mich im ersten Moment vermuten, Christusenergie zu empfangen.

Doch dem war nicht so, denn auf meine Frage folgte ein eindeutiges „NEIN“. Ratlos, aber sehr bewegt von der anhaltenden energievollen Strömung trat ich näher an das vor der Kapelle befestigte Schutzgitter und erblickte nun an der rechten Seite eine kleine graue Steintafel. Die Inschrift besagte, dass die Kapelle dem Heiligen Antonius von Padua geweiht sei. Überrascht und doch zweifelnd stellte ich die Frage, ob die mir zufließenden Energiewellen wirklich von Antonius stammten. Die erstaunliche Antwort folgte sofort. Stark und mächtig schwoll der Energiestrom in mir an, zweimal aufeinanderfolgend, ein eindeutiges „JA".

Während ich mit offenem Herzen dastand und die Energieströme körperlich geradezu genoss, begann ich bereits zu überlegen, wieso gerade hier, im Kloster des Hieronymus, für mich die Energie von Antonius zu spüren war. Bisher hatte ich diesen Heiligen nur mit Italien, genauer gesagt mit Padua, aber niemals mit Portugal in Verbindung gebracht. Ich fand dafür keine Erklärung.

Tags darauf setzte ich die Besichtigung Lissabons fort. Mit der berühmten Oldtimer-Straßenbahn, der Linie 28, ging es steil bergauf, bergab, durch die engsten Kurven, knapp an Häuserecken und geparkten Fahrzeugen vorbei, immer hart an den Grenzen der technischen Leistungsfähigkeit dieses musealen Vehikels.

Schließlich stieg ich vor der Kathedrale aus, denn den Besuch der größten Kirche lasse ich mir in keiner fremden Stadt entgehen. Das Innere beeindruckte mich mit seinem vielfältigen Stilmix, der von der Romanik bis zur neuzeitlichen Manuelistik reichte. Besonders deutlich fiel mir auf, dass die sommerliche Wärme von draußen bis in den letzten Winkel des Gebäudes gedrungen war. Das hatte ich bisher in südlichen Ländern noch nie gespürt. Kirchenräume sind meist auch im Süden kühle Zufluchtsstätten. Hinter der Kathedrale lag unmittelbar angrenzend ein wunderschöner Kreuzgang. Die Fläche, die er umgrenzte, war eine einzige Baugrube, archäologisch erforscht und einige Besiedelungsschichten tief. So war man auf Reste des Mittelalters, der Zeit der Sarazenenherrschaft und der römischen Epoche gestoßen. Nachdem ich diese steinernen Zeitzeugen eingehend betrachtet hatte, wandte ich mich wieder den Denkmälern zu, die in den Kapellen und Nischen des Kreuzganges zu sehen waren.

Langsam schlenderte ich in Richtung Ausgang. Etwa in der Mitte der dritten Seite des Kreuzganges empfing ich plötzlich eine energetische Strömung. Da ich dafür wieder keinen unmittelbaren Anhaltspunkt entdecken konnte, setzte ich meinen Weg fort und die Energie nahm wieder ab. Nach ein paar weiteren Schritten erwachte meine Neugier, vielleicht war es auch eine innere Eingebung der ich folgte, und ich kehrte wieder um. Ich wollte meine Sensibilität auf die Probe stellen und dem angenehmen Schauer körperlich nochmals nachspüren. Tatsächlich setzte die Strömung wieder ein und lief mir kühl vom Kopf über den Rücken bis zu meinen Armen. Sie verursachte mir Gänsehaut und Wohlgefühl. Einige Minuten verharrte ich an dieser Stelle, dann suchte ich nach der Ursache und erblickte eine alte Wandtafel mit einer kaum leserlichen Inschrift.

Die Kapelle, vor der ich mich befand, konnte ich niemandem zuordnen. Weder die kleine Heiligenfigur noch das darunter befindliche Bildnis waren im Halbdunkel zu erkennen. Doch die Inschrift der Wandtafel gab Aufschluss darüber und das verschlug mir vor Überraschung beinahe den Atem: Die Kapelle war dem Heiligen Antonius von Padua geweiht.

Wie konnte es möglich sein, dass ich an zwei aufeinanderfolgenden Tagen und an zwei völlig verschiedenen Orten die Energie desselben Heiligen empfangen durfte, völlig ahnungslos und unvorbereitet? Mich erfüllten Staunen und freudige Überraschung. Ähnliches war mir bisher nur ein einziges Mal passiert, nämlich, als ich in Apulien das Bildnis von Pater Pio erblickt und tags darauf seine Wirkungsstätte aufgesucht hatte. Für die damaligen Ereignisse, aber auch für meine jetzigen Erlebnisse suche ich bis heute vergeblich nach einer Erklärung.

Gleich nach meiner Rückkehr aus Portugal nahm ich mir zu Hause meine Lexika vor. Ich wollte über Hieronymus und Antonius mehr erfahren. Allzu viele Informationen erhielt ich dabei zwar nicht, aber die wenigen zeigten zumindest einige klärende Zusammenhänge auf. Hieronymus war 347 n. Chr. in Dalmatien geboren und 420 n. Chr. in Betlehem gestorben. Von der katholischen Kirche wird er als Kirchenlehrer und Kirchenvater geehrt. Drei Jahre verbrachte er als Einsiedler in der syrischen Wüste, wo er den lateinischen Bibeltext revidierte. Dass er sehr oft von bildenden Künstlern zusammen mit einem Löwen dargestellt wird, beruht auf der Anekdote, dass er einem verwundeten Löwen einen Dorn aus der Pfote entfernt haben soll, worauf das Raubtier zahm wurde und ihm nicht mehr von der Seite wich. Einen Zusammenhang dieses Heiligen mit Lissabon und seine Schutzfunktion für seefahrende Entdecker konnte ich bisher nicht finden.

Ganz anders verlief meine Recherche über den Heiligen Antonius. Zu meinem Erstaunen las ich, dass er 1195 n. Chr. in Lissabon zur Welt gekommen und 1231 n. Chr. in Italien gestorben war. Seine Abstammung war wohl auch der Grund dafür, dass er als Schutzpatron für Portugals Hauptstadt auserkoren wurde. Während seiner recht kurzen Lebensspanne war Antonius als Volksprediger in Frankreich und Italien unterwegs, bevor er in Bologna als Theologielehrer sesshaft wurde. Schon ein Jahr nach seinem Tod wurde er heilig gesprochen, erst im Jahre 1946 zum Kirchenlehrer erhoben. Der Heilige Antonius gilt auch als Wundertäter und großer Helfer, um verlegte oder verlorene Sachen wieder aufzufinden. Obwohl ich das bisher die längste Zeit als Aberglaube abgetan hatte, habe ich mich nun selbst schon das eine oder andere Mal um Hilfe an ihn gewandt und mich über die Erfolge freuen dürfen.

Seit meiner Rückkehr aus Lissabon gelingt es mir immer wieder, mich in Gedanken und Gefühlen mit der Energie Antonius zu verbinden. Ich spüre die Ströme, die dann durch meinen Körper ziehen, sehr deutlich und bin mittlerweile überzeugt, dass er bereit ist, mir Schutz und geistige Führung zu bieten. Nach wie vor suche ich nach einer Erklärung für dieses Phänomen und bin gespannt, ob ich jemals erfahren werde, welche Bewandtnis es mit meiner Verbindung zu ihm, aber auch zu den anderen Schutzpatronen hat. Es könnte vielleicht sein, dass unsere Seelenanteile miteinander in Verbindung stehen.

# Immer und überall

In einer Winternacht, die schon dem frühen Morgen entgegen ging, erwachte ich plötzlich. Noch ziemlich schlaftrunken vernahm ich fünf Schläge der Kirchturmuhr und wurde blinzelnd der Dunkelheit gewahr, die mich noch umgab. Eben wollte ich meinen Schlaf fortsetzen, aber es gelang nicht. Da hatte wohl irgendjemand etwas dagegen. Ich spürte, wie energetische Wellen sanft auf mich einzuströmen begannen. Dieses Gefühl war mir zwar längst vertraut, doch konnte ich mich auch diesmal einer bestimmten Erregung, die mich nun wieder erfasste, nicht entziehen. Die gespannte Neugierde, was jetzt vielleicht auf mich zukommen würde, und die Hoffnung auf einen energetischen Kontakt hielten einander die Waage. Unverzüglich streckte ich mich aus und versuchte, mich körperlich zu entspannen und meine Gedanken abzuschalten, um mein Herz so weit wie möglich zu öffnen.

Anfangs schien die Energie wie kühle Nebelschwaden ganz langsam auf mich herabzusinken. Ich fühlte, wie sie erst die Oberfläche meines Körpers erreichte und sanft umfing. Allmählich nahm sie an Intensität weiter zu, wurde kraftvoller und besonders im Kopfbereich und an Armen und Beinen deutlicher wahrnehmbar. Ich geriet in einen sehr angenehmen Zustand einer vibrierenden Spannung und wünschte mir, mit demjenigen, dem ich die energetische Zuwendung zu verdanken schien, einen deutlichen und klaren Kontakt zu finden. Ich bezweifle zwar, dass Engel oder andere Seelenwesen die recht kopflastigen Denkvorgänge, die mich immer wieder einholen, besonders schätzen, dennoch begann ich, mit der mir gewohnten Systematik, zunächst einmal meine Schutzengel anzurufen. Als ich keine Reaktion spürte, konzentrierte ich mich auf meine geistigen Führer. Da auch dieses Bemühen erfolglos blieb, wandte ich mich der Reihe nach an alle mir namentlich geläufigen Engel. Das alles geschah natürlich in völliger Stille, nur in meinen Gedanken. Nicht nur deshalb, weil ich in derartigen Situationen am liebsten still formuliere, sondern weil ich in einen Zustand gerate, in dem ich mich zwar konzentrieren kann, aber außer Stande bin, laut zu sprechen, denn dann versagt mir die Stimme ihren Dienst. Ich bin unfähig, auch nur ein Wort klar hervorzubringen, kann weder meinen Mund kaum bewegen noch sonst irgendeinen Muskel meines Körpers willkürlich anspannen. Am ehesten lässt sich der Zustand mit einer Art sanfter Betäubung vergleichen, wobei alles nur auf mein Denken und Fühlen reduziert wird. Trotzdem ist das für mich nicht mehr beängstigend oder unangenehm, eine Art Regungslosigkeit, aus der sich eine Verbindung zur geistigen Welt entwickeln kann.

In dieser Situation fand ich Kontakt zu einer besonderen Seele, und, welch Freude, es war die Seele meiner Frau. Jetzt nahm die Intensität der energetischen Strömung, die mich umfing, weiter zu. Sie verstärkte sich in einer Weise, wie ich sie bisher noch nie erlebt hatte. Ich lag auf dem Rücken, hatte meine Arme seitwärts ausgestreckt, in einer Art „Ruhestellung", und unfähig, mich zu bewegen. Nun begann die Energie tiefer in meinen Körper einzudringen. War sie bisher noch wie eine Wolke auf meiner Haut zu spüren gewesen, so zog sie nun durch alle Poren, tiefer und tiefer.

Ich fühlte meinen Körper plötzlich wie eine amorphe Masse, porös und locker wie ein trockener Schwamm und von tausenden winzigen Hohlräumen und Ritzen durchfurcht. Ich hatte den Eindruck, als wäre ich in diesem Moment nur ein Betrachter und Beobachter dieses meines Körpers. Ich spürte ihn fast nicht mehr und konnte ihn nur noch wie von außen wahrnehmen. Trotzdem merkte ich, dass mich die Energie weiter durchströmte, sie ging gänzlich durch und durch. Die Strömung schwoll an und nahm ab, wieder und wieder. Bald hatte ich den Eindruck, als würde sich nun mein Körper in demselben Rhythmus, in dem die Energie ein- und ausströmte, heben und senken. Es waren vielleicht nur wenige Millimeter, die ich gehoben und gesenkt wurde. Ich fühlte, dass ich ganz ohne meinen Willen und ohne mein Zutun in einer Art von Schwebezustand gehalten wurde. In dieser eigenartigen Empfindung des Auf und Ab erhielt ich eine Eingebung, die offenbar von der Seele meiner Frau ausging.

Diese Eingebung – ich nenne sie so, weil ich sie als nonverbale Botschaft wahrnahm – war die Antwort auf meine ebenfalls unausgesprochene Frage, die ich auf der Gedankenebene gerade an meine Frau gerichtet hatte: Sie lautete etwa, wie sie und in welcher ungewöhnlichen Art und Weise sie bei mir sei. Die Antwort kam unverzüglich und zunächst war sie mir absolut unklar. Sie schien in unvorstellbare Dimensionen zu weisen, die ich zunächst gar nicht in Worte fassen konnte. Sie lautete kurz gefasst nur „immer und überall". So knapp mir das damals erschienen war, wurde mir von einem Moment auf den anderen völlig klar, was gemeint war. Rasch zog sich die Energie, die mich so sehr bewegt hatte, zurück und ich war wieder mit mir allein.

Erst als einige Zeit später mein Bewusstsein allmählich wieder die Oberhand über meine Eindrücke und Empfindungen gewonnen hatte, konnte ich das Erlebte in seiner gesamten Bedeutung und Komplexität erfassen: Außerhalb unserer sehr irdischen Realität gibt es keine zeitlichen Begrenzungen, es gibt kein Ende und es gibt keinen Anfang. Es ist ein unerklärbarer Zustand, den wir mit dem Ausdruck „Ewigkeit" zu umschreiben versuchen. Ebenso existiert die räumliche Dreidimensionalität wohl nur in unseren Vorstellungen, als Hilfskonstrukt zu unserer Orientierung mit den Mitteln unseres Verstandes. Der Raum an sich ist jedoch grenzenlos und unermesslich. So versuchen wir das in unserer irdischen Begrenztheit als „Unendlichkeit" zu definieren.

Beide Begriffe, sowohl Zeit als auch Raum, sind daher nur sehr bedingt von Nutzen. Sie taugen nicht mehr, wenn wir an unsere Grenzen stoßen. So sehr sich die Forschung und die Wissenschaften auch abmühen, neue Erkenntnisse mit neuen Theorien zu unterlegen, werden Fortschritte möglich sein, aber immer wieder an unsere menschliche Begrenztheit stoßen. Annäherungsversuche, wie zum Beispiel die Einführung des Begriffes „Lichtjahr" oder der „gebogenen Zeit" weisen auf die fiktive Wertigkeit unserer Dimensionen hin. Aus diesem Dilemma gibt es kein Entkommen, solange die Wissenschaft versuchen wird, Schöpfung zu erklären anstatt zu respektieren und zu akzeptieren. So schrammen wir weiter an den Grenzen von Wahrnehmungsfähigkeit und Intellekt entlang. Wissenschaften, Religionen und Philosophien bemühen sich allesamt, Wege dahin zu weisen. Nur manchmal vermitteln sie uns eine Ahnung davon, wie gewaltig die Schöpfung sein muss, zu der wir nur auf medialem Weg einen spirituellen Zugang finden können.

# Rückblick und Ausblick

Seit meinen ersten Berührungen mit den feinstofflichen Energien sind einige Jahre vergangen. Von Anfang an habe ich all die seltsamen und unterschiedlichsten Ereignisse aufgezeichnet, ohne auch nur zu ahnen, ob und welche Bedeutung sie jemals erlangen würden. Später vermutete ich einen möglichen übergeordneten Zusammenhang zwischen den einzelnen Erlebnissen, einen höheren Sinn oder Zweck, den ich allerdings bis heute nicht eindeutig erkennen kann.

Im Laufe der Zeit habe ich mich bedingungslos darauf eingelassen und bin dafür sehr offen geworden. Ich fasste großes Vertrauen in die Richtigkeit und Bedeutung der Geschehnisse.

Manchmal, wenn ich in Ruhe und mit einigem Abstand darüber nachdenke, kommt es mir vor, als spiele sich mein Leben wie in einem imaginären Film oder Buch ab, die noch unvollständig sind und einige Szenen oder Kapitel offen lassen. Mich erfüllen unbestimmbare Erwartungen, und eine große Neugierde auf das, was noch alles auf mich zukommen könnte, ist nicht gestillt.

Eines aber weiß ich ganz bestimmt: Es werden Momente des Glücks sein.

# Autor

Gerd Schwank hat sich nach dem Studium der Rechtswissenschaften einer wirtschaftlichen Berufslaufbahn zugewandt. Nach einigen Jahren in einer Großbank war er als Personalmanager zweier Industrieunternehmen und zuletzt als Geschäftsführer einer wirtschaftlichen Interessensvertretung tätig. Sein Denken war jahrzehntelang intellektuell ausgerichtet, weshalb er spirituellen Themen auch nichts abgewinnen konnte. Erst durch ein tragisches familiäres Ereignis öffnete er sich den „Dingen zwischen Himmel und Erde", die man weder wissenschaftlich noch logisch nachvollziehen kann.

WEBSHOP

## Diese Bücher können Sie online direkt bestellen:

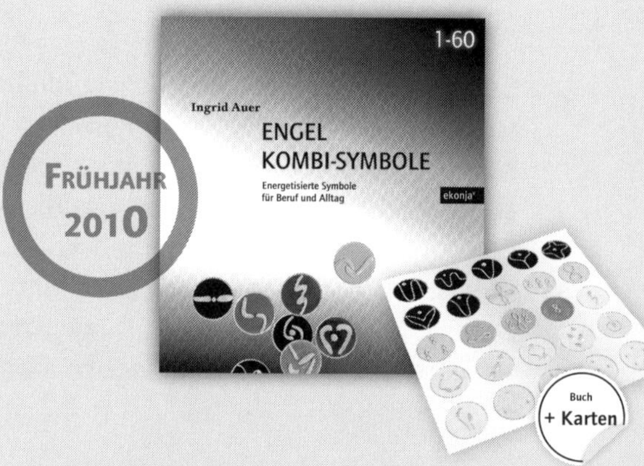


Ingrid Auer & Gerd Schwank
**Wie Engel wirken.**
**Erfahrungen und Erfolge mit den Engelsymbolen, Engelessenzen und Engelölen**

Seit nunmehr zehn Jahren werden Engelsymbole und Engelessenzen als Hilfsmittel aus der Geistigen Welt mit wachsendem Erfolg angewendet. Die große Vielfalt der sich bietenden Einsatzmöglichkeiten aufzuzeigen war von Gerd Schwank der Beweggrund für zahlreiche Interviews mit Anwendern. Das Werk soll sowohl Laien als auch Energetikern Anregungen und Beweise über die Wirksamkeit der Hilfsmittel aus der Engelwelt liefern. Darüber hinaus will es Suchende darin bestärken, sich neuen, ungewöhnlichen Wegen zu öffnen.

*Ekonja-Verlag*
*ISBN 978-3-9502151-8-2*

Ingrid Auer
**Engel-Kombi-Symbole.**
**Energetisierte Symbole für Beruf und Alltag**

Mit ihrem zweiten Buch über die Engel-Kombi-Symbole möchte Ingrid Auer diese energetisierten Hilfsmittel aus der Engelwelt einem noch größeren Leserkreis erschließen. Nicht nur Therapeuten und Ärzte sondern auch private Anwender finden in diesem Buch besonders einfachen und klaren Zugang zu den beigelegten Symbolen. In bewährter Weise schreibt sie auf leicht verständliche Art, wie man diese sowohl im Alltag als auch für professionelle Körper-Energie-Arbeit verwenden kann. Darüber hinaus beinhaltet das Buch die neuesten Erkenntnisse im Bereich des feinstofflich-spirituellen Heilens.

Das Buch wird - je nach Wunsch - mit oder ohne Symbole erhältlich sein.

*Ekonja-Verlag*

*ISBN 978-3-902636-14-0*
*(Buchset mit beigelegten Engel-Kombi-Symbolen im Stülpkarton)*

*ISBN 978-3-902636-30-0*
*(Buch ohne Symbole und ohne Stülpkarton)*

BASISBÜCHER PRAXISHANDBÜCHER

ekonja

Ingrid Auer
**Engel begleiten durch Krankheit, Tod und Trauer.**
**Spirituelles Praxishandbuch**

Erstmals werden mit diesem Buch die Themen Krankheit, Tod und Trauer aus spiritueller Sicht - losgelöst von religiösen Betrachtungsweisen - umfassend dargestellt. Im Zentrum steht die Engelwelt, die oftmals erst in einer schwierigen Lebenssituation wahrgenommen wird. In dem Werk wird nicht nur spirituelles Basiswissen vermittelt, sondern auch die tieferen Hintergründe und Ursachen von Krankheiten aufgezeigt, sowie die verschiedenen Sterbe- und Trauerphasen beschrieben. Der Autorin ist es ein ganz besonderes Anliegen, allen Betroffenen, sowie in einschlägigen Berufen Tätigen neue spirituelle Hilfsmittel und Hilfestellungen nahe zu bringen: Energetisierte Engelsymbole, Engelessenzen und Engelöle. Darüber hinaus möchte sie den Lesern Mut machen, von sich aus aktiv zu werden, den Kontakt zur Engelwelt zu suchen und die gebotene Unterstützung der Geistigen Welt anzunehmen.

*Ekonja-Verlag*
*ISBN 978-3-9502151-3-7*

Daniela Hutter
**Den Tag mit Engeln beginnen.**
**Spirituelles Praxishandbuch**

Daniela Hutter führt die Leser praxisnah und auf eine sehr einfühlsame, fast poetische Art und Weise an die verschiedenen Anwendungsmöglichkeiten der Engelsymbole heran. Auf der Grundlage der Engelsymbole sowie der Kindersymbole hat Daniela Hutter ein einfach anzuwendendes Arbeitsbuch zusammengestellt. Dieser liebevoller Begleiter durch den Alltag öffnet behutsam neue Wege zu Glück und Lebensfreude.

*Ekonja-Verlag*
*ISBN 978-3-9502151-7-5*

*www.ekonja-verlag.com*